STUDIES IN GERMAN LITERATURE,
LINGUISTICS, AND CULTURE
Vol. 43

Studies in German Literature, Linguistics, and Culture

Crossings — Kreuzungen
Festschrift for Helmut Kreuzer

Crossings — Kreuzungen

A Festschrift for Helmut Kreuzer

Edited by

Edward R. Haymes

CAMDEN HOUSE

Set in Times Roman and printed on acid-free paper.

CAMDEN HOUSE, INC.
Drawer 2025
Columbia, SC 29202 USA

Printed in the United States of America

First Edition

ISBN: 0-938100-67-X

Printed by Thomson-Shore, Inc.
Dexter, Michigan

Library of Congress Cataloging-in-Publication Data

Crossings = Kreuzungen : a festschrift for Helmut Kreuzer / edited by Edward R. Haymes. -- 1st ed.
p. cm. -- (Studies in German literature, linguistics, and culture ; vol. 43)
ISBN 0-938100-67-X :
1. German literature--History and criticism. 2. Kreuzer, Helmut. I. Kreuzer, Helmut. II. Haymes, Edward, 1940- . III. Title: Crossings. IV. Title: Kreuzungen. V. Series: Studies in German literature, linguistics, and culture ; v. 43.
PT105.C76 1990
830.9--dc20 89-91007
CIP

Presented by Members of the Department of German
at the University of Houston

Theodore Gish, Edward Haymes, Erika Nielsen,
Gertrud B. Pickar and Claus Reschke

Tabula Gratulatoria

Karen R. Achberger	St. Olaf College
Leslie A. Adelson	Ohio State University
Maximilian Aue	Emory University
Klaus L. Berghahn	University of California, Davis
Gabrielle Bersier	Indiana University, Indianapolis
Ute Brandes	Amherst College
Lyndel Butler	Houston, Texas
Janet Chapman	Ohio State University
Sabine Cramer	University of Texas, Austin
Department of German	University of Houston
Department of German	University of Wisconsin, Madison
Edward Dvoretzky	University of Iowa
Esther N. Elstun	George Mason University
Helen Fehervary	Ohio State University
Ann Clark Fehn	Rochester, New York
Bernd Fischer	Ohio State University
Erich Frey	Occidental College
Theodore G. Gish	University of Houston
Katherine R. Goodman	Brown University
Reinhold Grimm	University of Wisconsin, Madison
Walter Hartmann	Rochester, New York
Edward R. Haymes	Cleveland State University
Jost Hermand	University of Wisconsin, Madison

Robert A. Jones	University of Wisconsin, Milwaukee
Gerhard P. Knapp	University of Utah
Ingrid Kreuzer	Siegen
Edward T. Larkin	University of New Hampshire
Hanna B. Lewis	Sam Houston State University
Herbert Lehnert	University of California, Irvine
Wolfgang P. Leppmann	University of Oregon
Leo Löwenthal	University of California, Berkeley
Basil Mogridge	Carleton University
Gertrud Bauer Pickar	University of Houston
Carol Poore	Brown University
Claus Reschke	University of Houston
Jeffrey L. Sammons	Yale University
Volkmar Sander	New York University
Irmgard Wagner	George Mason University
Karl E. Webb	Northern Arizona University
Joseph Wilson	Rice University

Preface

Crossings. This word suggests more than almost anything else the career of Helmut Kreuzer. He has crossed national boundaries; he has crossed the boundaries separating traditional literary forms from other kinds of verbal art; and he has crossed the Atlantic many times and the Pacific a few times as well. He has led many students and younger colleagues to cross the boundary separating them from the career of a productive scholar. All of these crossings suggested to us the only possible form for a volume honoring our still young colleague on his sixtieth birthday: a volume of essays crossing some of the boundaries commonly felt to exist in literary studies. In this fashion we can demonstrate at least a part of the deep influence this teacher, colleague, and friend has had on us.

There are few scholars who have spent as much of their energies on the next generation. Helmut Kreuzer has not limited himself to the usual professorial activities of teaching and directing dissertations. He has put his energies again and again into projects that will provide research and publication opportunities for younger scholars. One need only mention his work with the journal *LiLi* and the *Reihe Siegen*. His most recent work establishing a special research center on media is a particularly salient case. The next few generations of Germanists and comparatists will bear direct witness to the labor and influence of Helmut Kreuzer well into the middle of the next century, and the contributions he has made to literary thinking and research will echo far beyond that.

This volume was planned to reflect the work of scholars on this side of the Atlantic who have had the pleasure of having Helmut Kreuzer as a colleague, or as a professor, who have enjoyed his stimulating presence, and benefited from his friendship, encouragement, and wisdom. The scholars represented here have been colleagues, students, and friends of our honoree during the more than two decades during which he has crossed again and again to our shores. Since the sixties he has taught at Rice University, Columbia University, Washington University, and Stanford University, and since 1977 he has been M.D. Anderson Professor of German at the University of Houston in alternation with his duties at the Universität-Gesamthochschule Siegen.

The broad scope of the collection, reaching from the early Middle Ages to our own decade is singularly appropriate for our honoree, because his interest, publications, and influence reach into research in every epoch of

German and comparative literature studies.

The contributions to this volume reflect in many different ways the example provided by Helmut Kreuzer's own interests and his work. Almost all of the studies involve work from more than one literature, an approach from more than one discipline, or a crossing of the boundaries of traditional *Literaturwissenschaft*. There is even a bit of primary literature, a collection of poems by Edward Dvoretzky. This *bunte Vielfalt* is the kind of scholarly landscape Helmut Kreuzer has tried to encourage and seems an apropriate tribute to a man who has crossed so many boundaries in his own work.

The list of his students, represented in this volume by Bernd Fischer and Edward Larkin, includes specialists in many areas, but I believe all of them gained a taste for the wide-ranging and inclusive from their mentor.

The editor would like to acknowledge the help and support of the many people who have worked on this volume. My colleague Gertrud Pickar has provided advice, help, and thorough proofreading of the manuscripts as the work has progressed. My thanks also to Karl Riha for his permission to use the excellent caricature that graces the frontispiece. The patient work at the computer keyboard of Marianne Schiebli, Charles Park, Lydian Reed, and Julie Yetkow have made the preparation of the volume possible. The computer centers of the College of Humanities and Fine Arts at the University of Houston and of the Department of Modern Languages at Cleveland State University have allowed the production of camera-ready copy. Last, but certainly first in importance, we must mention the help provided by Ingrid Kreuzer during the early planning stages of the volume.

Edward R. Haymes

Contents

Hans J. Fröhlich's *Im Garten der Gefühle*: *Elective Affinities* Revisited

ESTHER N. ELSTUN

George Mason University

The text of Hans Fröhlich's novel, *Im Garten der Gefühle* (1975), is preceded by the following quotation from Goethe's *Wahlverwandtschaften*:

> In diesem Fahrenlassen und Ergreifen, in diesem Fliehen und Suchen glaubt man wirklich eine höhere Bestimmung zu sehen; man traut solchen Wesen eine Art von Wollen und Wählen zu und hält das Kunstwort "Wahlverwandtschaften" für vollkommen gerechtfertigt.[1]

This "foreword" hints at connections between Fröhlich's novel and Goethe's and signals the reader to be on the lookout for them. The purpose of this essay is to explore those connections through a comparison of the two works as both *Eheromane* and *Gesellschaftsromane*, with special attention to the ways in which Fröhlich has ironized and parodied his famous model. They constitute a particularly intriguing aspect of *Im Garten*, since the narrative stance of *Die Wahlverwandtschaften* is itself already ironic.

As a novel of marriage, Goethe's story focuses on the relationship of Eduard and Charlotte, and its disruption when they both fall in love with other people. The stage is set for this expansion of the proverbial triangle by Chapters 1 and 2, in which Eduard and Charlotte discuss his wish to invite the Captain, and hers to invite Ottilie, for extended visits (W 242-257). Charlotte opposes the Captain's coming, eventually confessing that her opposition is ultimately grounded in intuition: "So laß mich denn dir aufrichtig gestehen . . . daß diesem Vorhaben mein Gefühl widerspricht, daß eine Ahnung mir nichts Gutes weissagt" (W 247-248).

In the ensuing chapters the elective affinity between Eduard and Ottilie is symbolized by the goblet that bears their initials (W 303), but even more by music. When the two play together on the piano and the flute, their listeners

---

[1] J. W. Goethe, *Die Wahlverwandtschaften* (Hamburger Ausgabe, Band 6, 1955): 275. Parenthetical page references are from the 1968 printing of this edition, abbreviated as W.

are surprised “wie vollkommen Ottilie das Musikstück für sich selbst eingelernt hatte, aber noch mehr überrascht, wie sie es der Spielart Eduards anzupassen wußte” (W 297). The significance of their remarkable performance, which is described as “eine Art von lebendigem Ganzen,” is underscored by the fact that Charlotte, though technically a more accomplished pianist than Ottilie, often has difficulty playing duets with Eduard (W 257).

Music also symbolizes the elective affinity between Charlotte and the Captain: on the piano and the violin “führten beide, mit Empfindung, Behagen und Freiheit, eins der schwersten Musikstücke zusammen auf, daß es ihnen und dem zuhörenden Paar zum größten Vergnügen gereichte” (W 298). The extent to which they are natural partners is also symbolized by their landscaping and building projects; in this connection the narrator calls them “Personen, die gleichen Schritt halten,” and notes that “beiden wurde es leicht, zusammenzuwirken und etwas zustande zu bringen” (W 289).

Goethe’s representation of the power of elective affinities finds its boldest expression, of course, in the famous adultery chapter. The copulation in which the marriage partners here engage produces a son whose eyes are so much like Ottilie’s that “sie glaubte in ihre eigenen zu sehen,” and Mittler, the elderly pastor who christens the child, sees in it “eine so auffallende Ähnlichkeit . . . mit dem Hauptmann, dergleichen ihm sonst noch nie vorgekommen war” (W 421). Later the child’s startling resemblance to the persons his parents love prompts Eduard to exclaim: “Dies Kind ist aus einem doppelten Ehebruch erzeugt!” (W 455). This development (which places a rather severe strain on that time-honored literary convention, the reader’s willing suspension of disbelief) is also one of numerous indications of the novel’s narrative irony.

Despite his graphic acknowledgment of the power of elective affinities, however, Goethe does not represent them as an irresistible force that renders people helpless and robs them of all freedom to make decisions or choices. This becomes clear primarily through his characterization of the four figures and their differing reactions to the powerful attractions they feel. Eduard is characterized by a certain impetuousness and lack of self-discipline; accustomed to having what he wants, and more prone than the others to follow the dictates of his feelings, he makes no effort to resist his passion for Ottilie. The Captain and Charlotte, who are characterized as “ernster, sicherer von sich selbst” and “sich zu halten fähiger” (W 298), react differently: aware of his growing attachment to Charlotte, the Captain “gewann es über sich, den Stunden auszuweichen, in denen Charlotte nach den Anlagen zu kommen pflegte . . .” (W 298). At first assuming his absence to be accidental, Charlotte looks everywhere for him, but on realizing that it is deliberate, "glaubte sie ihn zu verstehen und achtete ihn nur um desto mehr" (W 298). The young and inexperienced Ottilie is characterized as a child of nature, but under Charlotte's influence she has also developed a strong sense of duty. That, and the guilt she feels for the death of the child, cause her to renounce Eduard precisely when Charlotte has finally agreed to a divorce. In the concluding chapters of the novel, after Ottilie's abortive attempt to flee, we thus have the same configuration of characters as before, but they seem like shadows of their former selves, and the narrator describes their domestic circle as "ein Scheinbild des vorigen Lebens" (W 479).

Like Goethe's novel, *Im Garten der Gefühle* is the story of a marriage and its eventual disintegration when both partners fall in love with other people. One significant difference between the two works is their narrative perspective. *Die Wahlverwandtschaften* has an anonymous third-person narrator, whose posture is one of detachment and rigorous objectivity.[2] *Im Garten*, by contrast, is narrated in the first person by the husband-protagonist. This gives the work an added dimension: the *Erzähler* is at the same time the *Betroffene*. The first-person narration also establishes the point of view that prevails throughout the novel: we experience all of its characters and events with and through this narrator-husband, and though the other characters occasionally speak for themselves, the principal focus is on his thoughts, feelings, reactions, and experiences. His wife has a name (Dorothee); the fact that he remains nameless serves to remind the reader of his other function.

Several similarities of setting and situation emerge in the opening pages of the novel: like Eduard and Charlotte, Fröhlich's married couple lives in a rural setting (they have left the tensions and frustrations of modern life in the *Bundesrepublik* for a house surrounded by olive groves and vineyards in northern Italy); they too have frequent houseguests; their income allows them to live comfortably; and initially their life together seems reasonably serene — the narrator, at any rate, describes himself in the opening chapter as "zufrieden."[3]

As a novel of marriage, *Im Garten* also reveals many similarities of basic

---

2 The strict objectivity of narration in *Die Wahlverwandtschaften* has been frequently noted. See, for example, Hermann Glaser et al., *Wege der deutschen Literatur* (Frankfurt/Main: Ullstein 1984): I, 144; H.A. and E. Frenzel, *Daten deutscher Dichtung* (Munich: Deutscher Taschenbuch Verlag, 1977): I, 288.

3 Hans J. Fröhlich, *Im Garten der Gefühle* (Munich: Carl Hanser, 1975): 10-11. Parenthetical page references are to this edition, abbreviated as IG.

plot with Goethe's novel:

(1) Dorothee and her narrator-husband discuss the proposed visit of his friend, Gregor Altmütter; like Charlotte, Dorothee initially opposes the idea on intuitive grounds — "Das geht nicht . . . [ich habe] ein dunkles Gefühl. . . . ich fürchte, das gibt furchtbare Konflikte" (IG 90);

(2) during Gregor's visit he and Dorothee are drawn more and more to each other — "Dorothees anfänglicher Widerstand gegen sein weiteres Verbleiben schwand spürbar" (IG 91) — while the narrator falls in love with Kathrin, the young member of the commune he and Dorothee have allowed to camp on their property; and

(3) Kathrin's sense of guilt ultimately leads to her decision to go away. Gregor also departs, and Dorothee and the narrator remain together, though their relationship and domestic life, like Eduard's and Charlotte's, is only "ein Scheinbild des vorigen Lebens" (W 479, Cf. IG 289-291.).

There are also some noteworthy structural similarities between the two novels. Goethe used Charlotte's birthday party (W 299-304), the adultery episode (W 319-321), and the renunciation scene at the inn, where Eduard has overtaken the fleeing Ottilie (W 471-474), as major structural timbers on which to hang his tale. The same events and episodes figure prominently in Fröhlich's novel. Charlotte's birthday party is paralleled by Dorothee's in a chapter entitled "Das große Fest" (IG 224-251); Goethe's adultery episode is paralleled when the narrator has sex with Dorothee — "hinter meinen Augen das Bild Kathrins" (IG 212); and the renunciation scene between Ottilie and Eduard has its counterpart in the farewell scene between the narrator and Kathrin, in a chapter entitled "Ein Abschied ohne Abschied" (IG 270-286).[4]

This catalogue of similarities seems to suggest that *Im Garten* is a studied but rather unimaginative imitation of *Die Wahlverwandtschaften.* That is decidedly not the case, primarily because of the ways in which Fröhlich has ironized and parodied his model. A few examples will illustrate the point: the rural setting in which his couple lives is not a baronial estate with carefully planned landscaping and well cultivated grounds, but a house near the *Gardasee* in a garden that nobody ever tends and that consequently looks like nature at its unkempt worst or best (depending on one's point of view); both novels use music to symbolize the elective affinities, but in Fröhlich's novel elevated *Hausmusik* has given way to sensuous dancing in an Italian

---

4 On the level of external action this chapter heading refers to the fact that Kathrin leaves without actually saying goodbye: while the narrator tries to find a parking place for the car, she simply disappears. The heading's deeper meaning lies in the narrator's inability to forget her (IG 293, 294).

tavern; and the most vigorous defender of marriage is no longer a member of the cloth and a pillar of the community (Pastor Mittler), but an eccentric and meddlesome handyman named Gustav Stiebler. With playful irony, in short, Fröhlich has linked his novel to Goethe's by creating certain superficial similarities, but with parodistic variations that place the central theme in a thoroughly modern context. His treatment of essentially the same thematic material differs from Goethe's in some other important respects as well.

The difference in narrative perspective has already been discussed. As also noted earlier, *Die Wahlverwandtschaften* focuses on one marriage and its disruption. *Im Garten*, by contrast, presents an almost bewildering array of marriages, and all of them are in trouble. Nearly all of the houseguests who visit Dorothee and the narrator while vacationing in Italy are married, some for the first time, others for the second, still others on the verge of a third attempt.[5] Surprisingly, this profusion of dissolved and dissolving marriages does not weaken or diffuse Fröhlich's development of the central plot, as one might expect, but actually seems to strengthen it: the gradual disintegration of existing ties and the formation of new ones is a process that the narrator both experiences in his own life and observes in the lives of virtually everyone around him.

Additional differences become apparent when we turn our attention to characterization. Fröhlich's four principals resemble Goethe's in some ways, but certainly not in all, and not always on a one-to-one basis. Like his model Eduard, the narrator-husband often shows a certain *Labilität*.[6] At other times, however, he is as calm and rational as Goethe's Captain (IG 109, 135-140, 225-226, 248-249). Gregor Altmütter, the Captain's modern counterpart as far as basic plot is concerned, is quite unlike him: something of a ladies' man, who enjoys flattering women and flirting with them (IG 95, 112).

Charlotte and Dorothee, beyond their intuitively negative initial reactions to an extended visit from their husbands' male friends, have virtually no discernible traits in common. While Charlotte is the embodiment of patience, self-restraint and civilized behavior, Dorothee often seems

5 There are Albert and Anka, Gregor and Eva, the Colliers, the Schweters, the Kletts, the narrator's in-laws Jakob and Renate, the "common law" couple, Carlos and Elisa, and a number of others on the periphery.

6 The narrator's *Labilität* is symbolized by his migraine headaches (IG 24, 51, 65, 82-83, 92, 94, 127, 133, 180, 190, 275, 282, 284), but also revealed in his inability to work systematically and regularly: a free-lance writer, he has been trying for months to finish a commissioned article (IG 45-46); when the novel ends, it is still unfinished.

immature, illogical, and given to emotional outbursts. When she suspects her narrator-husband of having slept with Kathrin (IG 217-218), for example, she precipitates a horrendous scene in which she literally reduces his study to rubbish (IG 224-226) — something one cannot under any circumstances imagine Charlotte doing.[7]

Ottilie and Kathrin, by contrast, share some significant characteristics. To be sure, Fröhlich ironizes his model here, too, for Kathrin is the young member of a hippie commune, not the genteel product of a boarding school for young ladies. But each of the two figures is characterized as a "child of nature," and in both cases that characterization is symbolized by their uneasy relationship with language. In an early chapter of *Die Wahlverwandtschaften* Charlotte receives a school report that mentions "wie wenig die gute Ottilie zu äußern imstande ist, was in ihr liegt und was sie vermag" (W 278).[8] And in the concluding chapters of the novel she lapses into total silence (W 475-476, 480-481). Paralleling this, the narrator of *Im Garten* tells us: "Kathrin hatte nie viel gesprochen" (IG 270). Earlier he had experienced this as "das warme, wärmende Schweigen aus großer Nähe und Geborgenheit . . . die sprachlose Klarheit, in deren Licht wir uns verständigten . . ." (IG 270). In the farewell chapter, as he drives Kathrin to Trento to catch the train, it is "ein dumpfes, brütendes, schmerzendes Schweigen, das sich trennend zwischen uns schob . . ." (IG 270).

A further similarity between Ottilie and Kathrin is that in the end both choose renunciation. Again, however, there are significant differences. Ottilie's self-willed death and Eduard's death shortly thereafter, together with the fact that Charlotte arranges for them to be buried side by side, can be interpreted as the novel's final acknowledgment of the power and validity of elective affinities. But these deaths also suggest that Goethe saw no other way to resolve the conflicting demands of duty and inclination,

---

7 On the surface, an additional similarity between Charlotte and Dorothee is that neither wants a divorce. There is, however, a significant reversal of the timing: Charlotte, after a long period of resistance, finally consents to a divorce; Dorothee, who by her own admission had always been "kokett" (IG 290) and attracted to the idea of living in a sexually free *Wohngemeinschaft* (IG 292), resists the idea of divorce only in the last pages of the novel, when she is forced to confront the fact that, for her narrator-husband, his relationship to Kathrin was not merely "Liebelei" (IG 290-292).

8 The conversation between Charlotte and Eduard the morning after Ottilie's arrival is also instructive in this regard. Eduard calls Ottilie "ein angenehmes, unterhaltendes Mädchen," to which Charlotte replies: "Unterhaltend? . . . sie hat ja den Mund noch nicht aufgetan." Eduard, "indem er sich zu besinnen schien," responds: "So? . . . das wäre doch wunderbar!" (W 281)

civilization and nature. Kathrin and the narrator of *Im Garten* do not die, at least not in the literal sense; they simply part. There is no question that the parting causes great pain (IG 289, 290-291, 293, 294). It is also clear that Fröhlich does not offer this ending as a genuine solution: the final chapter is entitled "Lösungen und auch wieder keine" (IG 286-295). But as Gustav the handyman observes, ". . . das Leben geht weiter" (IG 290). And this truth, however banal it may be, is both echoed and acknowledged by the narrator's last words: "Ja, man lebt. Man lebt dahin" (IG 295). With this ending Fröhlich ironizes his model one last time: in the modern era (and in the novels that represent it), people do not die of broken hearts.

The discussion so far has focused on the two works as *Eheromane*. A comparison of them as *Gesellschaftsromane* provides some further insights. That the two novels depict markedly different societies is apparent from much that has already been said. The framework of Goethe's story is a society characterized by clearly delineated values and conventions, by order and stability. To be sure: that stability vanishes in the case of the four principals, but for its time and social setting (symbolized by the well-ordered baronial estate), the disintegrated marriage is an aberration; the social order is threatened but remains intact. In Fröhlich's novel (this time symbolized by the untended garden that surrounds the house), one cannot really speak of a unified social order at all. The framework of his story is a society in flux, characterized by a corresponding degree of pluralism and instability, by an absence of common values and mores. This is reflected in the various marriages and the male-female relationships within the commune, but it can also be seen in the life styles of the characters. In *Die Wahlverwandtschaften* daily life is carefully ordered and proceeds according to a strictly observed schedule. In Fröhlich's novel life is conspicuously unstructured, and the difference between the hippie commune and the protagonist's household in this regard is not a substantive one; in varying degrees, an impromptu life style is characteristic of both.

Some parts of Goethe's novel strike the reader as a platform for the advocacy of certain theories about marriage as a social institution. The most notable passage is the one in which Pastor Mittler declares: "Die Ehe ist der Anfang und der Gipfel aller Kultur. . . . Unauflöslich muß sie sein; denn sie bringt so vieles Glück, daß alles einzelne Unglück dagegen gar nicht zu rechnen ist" (W 306). The portrayal of Mittler is certainly another (and probably the most compelling) indication of the novel's ironic narrative stance, and the fact that the clergyman comes close to being a caricature makes it impossible to take his message entirely seriously. Furthermore, in the immediately following chapter, Goethe has one of Eduard's and

Charlotte's houseguests (the unhappily married count) advance radically different views (W 309-313). But Mittler's position is also represented by other, more credible figures, notably Charlotte, who reacts negatively to the views expressed by the count on the theoretical plane (W 310), as well as to the idea of divorce in her own specific case. Finally, we probably should not overlook the fact that the count, despite his theoretical views, wants nothing more than to marry his paramour (W 310), and indeed does so before the novel ends.

In Fröhlich's novel the Mittler view of marriage as a social institution is represented by Gustav Stiebler, whose cliché-ridden pronouncements on the subject are no less emphatic than the pastor's:

> Scheidung! . . . Das sei nun wohl der Weisheit letzter Schluß . . . In der ganzen Welt grassiert diese Scheidungsseuche . . . was man in Illustrierten, Filmen und gewissen Büchern propagiere, sei der Untergang der Kultur. . . . Die Gesellschaft werde ruiniert, wenn nichts mehr Bestand habe . . . . (IG 218)

Like the earlier Stiebler-quotation ("das Leben geht weiter"), this one illustrates the fact that the handyman speaks almost entirely in clichés. Through him more than any other character, Fröhlich uses banalization as a particular mode of ironizing his model. If Mittler comes close to being a caricature, Stiebler goes all the way. The pastor, as his name suggests, does function as an actual — albeit unsuccessful — mediator, whereas the handyman, as his surname suggests, tends to fly about like dust. Furthermore, none of the other, more credible characters of *Im Garten* echo his sentiments. They talk long and often about marriage, but almost always on the personal level, i.e., in terms of the happiness of individuals, and with specific reference to couples they know. Even when they generalize — "Alle Ehen gehen kaputt" (IG 89) — it is not in the context of any discussion of marriage as an institution with social and cultural ramifications; and if unhappy couples remain together, they do so for their own private reasons, not because of any societal pressures or considerations. In reflecting, for example, on what keeps Franz and Reinhild Collier together, the narrator concludes:

> . . . sie brauchten einander, um mit ihrem Los fertig zu werden. . . . jeder war auf seine Weise schwach, auf seine Weise unglücklich, auf seine Weise meinetwegen auch neurotisch und zwanghaft, und gerade deshalb hielten sie zusammen . . . . (IG 220)

As for his own case, the narrator tells Dorothee in the concluding pages of the novel, ". . . wir können uns auch nicht trennen. . . . schon wegen des Kindes geht es nicht. . . . Auch wegen des Hauses nicht" (IG 291). If marriage as a social institution appears threatened in *Die Wahlverwandtschaften*, it has, in Fröhlich's novel, simply ceased to be a consideration.

Fröhlich's *Im Garten* has been called "der frechste und kunstvollste seiner Romane."[9] Both adjectives are demonstrably appropriate, for the novel's artistry reveals itself above all in the author's bold and imaginative use of irony. Given the already ironic character of *Die Wahlverwandtschaften*, the technique Fröhlich employs in *Im Garten der Gefühle* might be described as exponential: irony to the third power.

****

One of the remarkable things about Helmut Kreuzer is his apparently inexhaustible capacity to generate ideas. It is a pleasure to acknowledge that the *Anregung* for this essay came from him, on a memorable summer evening in Siegen marked by lively conversation over good food and wine.

---

9 See Franz Lennartz, *Deutsche Schriftsteller des 20. Jahrhunderts im Spiegel der Kritik* (Stuttgart: Kröner, 1984), I, 539.

Christoph Heins *Die wahre Geschichte des Ah Q* (*Zwischen Hund und Wolf*) nach Lu Xun: Zum komischen Traditionsbezug im Drama der DDR

BERND FISCHER

Ohio State University

Die Weiterentwicklung der Dramenformen des sozialistischen Realismus hat auf dem gegenwärtigen Theater der DDR einen Umschlagspunkt erreicht, der Momente aufweist, die im weitesten Sinn als postmodern beschrieben werden könnten. Zahlreiche Dramen sind zur kritischen und zumeist komischen Resteverwertung jüngster Traditionen und gerade erst entthronter Ästhetiken übergegangen. An Stelle der vertrauten Strukturen von komischer, tragischer, didaktischer oder epischer Fabel bieten diese Dramen mehr oder weniger stringente oder chaotische, auf jeden Fall aber innovative Aneinanderreihungen von Szenen, die parabolische Figurationen, typologische Haltungen und bei einigen Autoren auch mythologische Konstellationen fragmentarisch zitieren und für neue Assoziationsräume zu erschließen versuchen. Diese Entwicklung hat sich bereits in Dramen der siebziger Jahre angedeutet: z. B. in Christoph Heins Produktionsstück *Schlötel oder Was solls* oder in seinen historischen Revolutionsdramen *Cromwell* und *Lassalle fragt Herrn Herbert nach Sonja. Die Szene ein Salon.* Aber erst in seinem neuesten Stück, *Die wahre Geschichte des Ah Q*, hat Hein eine ästhetische Grenze erreicht, an der die Aufhebung der adaptierten literarischen Form von ihr selbst zur Debatte gestellt wird.

Sucht man in Heins ästhetischer Theorie, die er stückweise in kleinen Aufsätzen vorgelegt hat, nach einer reflexiven Aufarbeitung dieses Phänomens, so stößt man zunächst auf einen zentralen Gedanken, der die moderne Ästhetik seit der Romantik bestimmt: Kunst kann nur in der Überwindung überkommener Ästhetiken und in innovativen Entdeckungen zeitgenössische Welthaltigkeit erreichen. Poesie bedarf ständig "der Entdeckung, der Erfindung, des Neuen also."[1] "Das ungelöste Rätsel ist, so

[1] Christoph Hein, *Die wahre Geschichte des Ah Q: Stücke und Essays* (Neuwied: Luchterhand, 1984), S. 171. Zitate aus diesem Band werden im Text

schlußfolgern wir daher, Sache der Kunst; das gelöste oder doch lösbar gewordene Rätsel ein wissenschaftlicher Forschungsbereich."[2] Deshalb: "Worüber man (noch) nicht reden kann, davon kann die Kunst ein Lied singen" (SCH, 18f.). Immerhin weist Hein der Innovationskraft der Kunst ein (im Vergleich zur Romantik) eingeschränktes Bewährungsfeld zu. Denn, so stellt er fest, die Naturwissenschaften haben im 19. und 20. Jahrhundert Bodengewinne erzielt und die Kunst aus den meisten Themenbereichen mit überlegener Kompetenz vertrieben. Geblieben ist ihr der Mensch und sein Zusammenleben. Die letzte wissenschaftliche "terra incognita" sind der "Mensch und die menschliche Gemeinschaft. Hier kann die Literatur mit den merkwürdigen Sonden der Fantasie und den Seismographen der Sprache forschen, erkunden, entdecken. Denn stets handelt es sich in der Literatur um Entdeckungen, um das Sehen von bisher Ungesehenem, um das Beschreiben des Ungenannten. Alles andere ist Makulatur" (SCH, 19). Man versteht die politische Brisanz, die diesen Thesen noch heute anhaftet, wenn man Heins Forderungen an die Literaturkritik hinzunimmt. Die emphatische Polemik, mit der er dieser 'Wissenschaft' entgegentritt, ist ein längeres Zitat wert.

> Literatur und Literaturwissenschaft, zwei so verschiedene Dinge wie Schmetterling und Schmetterlingskunde. [...] Welche empfindsame Seele verspürt nicht angesichts der Glaskästen mit den aufgespießten Nichtsnutzen von Schmetterlingen oder der grauen, vielräumigen Gebäude, in denen Literaturwissenschaftler zu Werke sind, einen leisen, schmerzlichen Nadelstich mitten durch sein Herz? Aber noch haben Sie uns nicht, noch haben Sie die Zeitgenossen nicht. Dafür fehlt vor allem anderen die Stecknadel, auf der diese neu geschlüpften Flattergeister aufzuspießen sind, die eiserne Klammer des Begriffs, die Ästhetik, mit der der Produktion der Zeitgenossen beizukommen ist. Denn alle Ästhetik — Sie werden's ungern hören — ist nur Ausfluß von Poesie, ist ihr nicht beabsichtigtes, nicht angestrebtes Ergebnis, ist die spätere wissenschaftliche Auf- und Zubereitung. Es gibt keine Ästhetik, die dem Produzenten von Literatur Richtlinien, Hilfestellungen oder Sicherheiten zu geben vermag. Produktion ist allein von gegenwärtiger Geschichte, der Jetztzeit, und der Fantasie, dem Bewußtsein und dem Interesse eines Individuums abhängig. (AHQ, 170)

Man wird dieser zurechtweisenden Standortbestimmung der ästhetischen Theorie kaum widersprechen können. 'Wissenschaftliche' Ästhetik kann

---

hinter dem Kürzel AHQ nachgewiesen.

2 Christoph Hein, *Schlötel oder Was solls: Stücke und Essays* (Neuwied: Luchterhand, 1986), S. 18. Zitate aus diesem Band werden im Text hinter dem Kürzel SCH nachgewiesen.

immer nur Beschreibung von literarischer Interaktionserfahrung, also bestenfalls Geschichtsschreibung sein und ist aus vielerlei Gründen doch selten damit zufrieden. Die Forderungen, die Hein an die Kritik stellt, laufen auf das hinaus, was er auch der Kunst abverlangt, nämlich Zeitgenossenschaft. "Der Kunstwissenschaftler, der sich der Kunst seiner Zeitgenossen nähern will, hat nur eine Bedingung zu erfüllen, er selbst muß sich als Zeitgenosse begreifen, muß das Vermögen besitzen, seiner Zeit standzuhalten."[3] Ich werde mich nicht auf die Frage einlassen, was diese Mahnung für den vorliegenden Aufsatz bedeuten könnte. Stattdessen suche ich unverdrossen (auf die Gefahr hin, als unzeitgemäß verstanden zu werden) nach einem Begriff, der mir Heins Drama erklären könnte, wenn auch gewiß nach keiner 'eisernen, politischen Klammer'.

Die politische Utopie der Heinschen Ästhetik soll hier überhaupt nur kurz angedeutet werden. Sie erfüllt sich, wenn es gelingt, die arbeitsteilige Spaltung von Kunstproduzenten und -rezipienten zu überwinden, so daß jeder Bürger zum potentiellen Künstler wird, der gewissermaßen an einem gesamtgesellschaftlichen Kunstwerk arbeitet. Hein weiß natürlich, daß auch die gesellschaftlichen Verhältnisse der DDR dieser Utopie (der Romantik) keinen Raum bieten. Dennoch zieht er sie ein Stück weit in die Gegenwart des Theaterbetriebs, wenn er sich ein heute gängiges dramaturgisches Konzept zu eigen macht: "Theaterszenen schreiben, heißt Spielanlaß geben."[4] Der Ehrgeiz eines solchen Theaters liegt laut Hein darin, dem Zuschauer "Möglichkeiten zur Phantasie, Freiräume zum Begreifen des eigenen Lebens, der eigenen Existenz" zu bieten.[5] Gleichzeitig soll dasselbe Drama aber auch dem Autor dazu dienen, "etwas von [s]einer Situation, [s]einer Erfahrung spiegeln" zu können.[6] Die Frage stellt sich, wie sich beide Anliegen miteinander verbinden lassen; da erst könnte eine Ästhetik des Theaters einen konkreten Ausgangspunkt finden. Wie die Romantiker hat Hein auf keinen Fall eine im direkten politischen Kampf engagierte Kunst im Sinn. Die müsse es in unmenschlichen Zeiten zwar auch geben (obwohl ihre Wirkungskraft beschränkt sei), sie werde dabei aber ihre poetische Innovationskraft einbüßen.[7] In solchen Zeiten kommt

3 Christoph Hein, "Heinrich-Mann-Preis 1983," *Neue deutsche Literatur* Juli 1983: 162.

4 Zitiert nach Martin Linzer, "Ratespiel ohne Botschaft," *Theater der Zeit* März 1984: 52.

5 Interview mit Gregor Edelmann, "Ansonsten würde man ja aufhören zu schreiben...," *Theater der Zeit* Oktober 1983: 55.

6 Ebd., S. 54.

7 Vgl. dazu Heins Aufsatz "Worüber man nicht reden kann, davon kann die Kunst ein Lied singen," AHQ, S. 7-19.

aber der Mythos zu seinem angestammten Recht; aus ihm schöpft die Kunst, der die politische Macht den Zugang zur zeitgenössischen Kultur beschneidet, die Poesie. "Im Mythos konnte die Menschheit zu jeder Zeit ihre fantastischste Gabe aufbewahren, ihre Poesie" (AHQ, 141). Einerseits kann es also keine Frage sein, daß die poetische Ausschlachtung von Mythos und Parabel, wie sie auf dem avanciertesten Theater der DDR zu beobachten ist, für Hein ein Rückzugsgefecht der Kunst bezeichnet und keineswegs eine Eroberung in gesellschaftlich relevanten kulturellen Bereichen. Die sind für Hein auch in der DDR weitgehend vom Boulevardtheater usurpiert worden.[8] Andererseits ist die Hoffnung, die die romantische Ästhetik in die 'progressive Erneuerung' des Mythos setzte, keinesfalls ganz aufgegeben.

In dem Maß, wie auch die Bühne der DDR zum Aktionsfeld radikal-reduktionistischer Experimente im Zeichen der Postmoderne geworden ist, kann es nicht verwundern, daß *Die wahre Geschichte des Ah Q* Heins bisher erfolgreichstes Stück ist. Der *Ah Q* fand am Deutschen Theater unter Alexander Lang eine vielbeachtete Uraufführung und stand in den letzten Jahren auf den Spielplänen mehrerer europäischer Bühnen. Obwohl es sich wieder um ein historisches Sozial- und Revolutionsstück handelt, erlauben seine fundamentalen, nahezu abstrakten Haltungen, Sprachfloskeln und Handlungen kaum noch eine historische Rezeption (weniger noch als die bewußt anachronistischen Versatzstücke des *Cromwell*), sondern scheinen eher auf eine Parabel, eine Allegorie oder, wenn man will, auf einen modernen Mythos zu zielen.[9] Dieser Eindruck verdankt sich vor allem der

---

8 Die Berechtigung des Boulevardstücks steht für Hein außer Frage. Er fordert sogar "die Errichtung eines sozialistischen Boulevardtheaters [...] die nachgeholte Legitimation eines tatsächlichen Zustandes," um das staatlich geförderte Kulturtheater für drängende dramatische Aufgaben zu entlasten (SCH, 182). Dennoch konstatiert er: "Das gegenwärtige Theater ist Schreibanlaß für Prosa" (Ebd., 177). Seines Erachtens "verfahren die Theater mit neuer Dramatik wie mit Brandschutzbelehrungen: In unregelmäßigen Abständen erinnern sie sich ihrer als einer mißlichen Verpflichtung, die es zu überstehen gilt" (Ebd., 178). Die Gründe für diesen Zustand sieht Hein darin, daß der gegenwärtige Theaterbetrieb der DDR in der glücklichen Lage sei, eine (politisch) abgesicherte Position in der selektiven Verwaltung des Erbes gefunden zu haben, und im übrigen, den Bedürfnissen des breiten Publikums gemäß, auf das Boulevardstück setze (vgl. ebd.).

9 Das Parabelhafte des Stückes betont bereits Hans Kaufmann, *Über DDR-Literatur: Beiträge aus fünfundzwanzig Jahren* (Berlin, Weimar: Aufbau-Verlag, 1986) 238. Vornehmlich bezieht er die parabolischen Momente des Stücks auf die Lethargie einer Bevölkerung, die es unbekümmert durch das Dach ihres Tempels regnen läßt, kritisiert allerdings, "daß das Verhältnis undeutlich bleibt, in dem das

Fabel, die Hein von Lu Xun übernommen und seinen frei assoziierenden Dialogen als dramatische Struktur übergestülpt hat. Heins reduktionistische Ausschlachtung der bewährten Kunstform zu anderen Zwecken filtert aus Lu Xuns realistisch-satirischer Fabel vom revolutionären Subjekt der chinesischen Landbevölkerung ein parabolisches Pathos, das in seinem Drama freilich eine Welt kommentiert, die keine Parabel mehr kennt. Diese kunstvolle Dissonanz, die das Wort der Heinschen Helden meist auf grotesk komische oder auch zynische Weise beherrscht, markiert die auffälligste ästhetische Innovation des Stücks, deren Kehrseite meines Erachtens freilich auch als ästhetischer Verlust beschrieben werden kann.

Lu Xuns kurze Erzählung, darüber wird man sich schnell einigen können, besteht vor allen denkbaren Maßstäben als großartige Prosa, deren Bedeutung für die moderne chinesische Literatur und die politische Entwicklung Chinas in den zwanziger und dreißiger Jahren kaum überschätzt werden kann. Mit einer schwer beschreibbaren Mischung von auktorialer, ironischer Weitschweifigkeit und lakonischer satirischer Präzision (die selbst noch in der Übersetzung überrascht[10]) zeichnet Lu Xun ein so komisches wie sympathetisches und anklagendes Gemälde vom ländlichen Alltag des leidenden und Leid verbreitenden Menschen am unteren Ende der alten chinesischen Gesellschaft. Lu Xuns Prosa ist modern in dem Sinn, daß sie den russischen Realismus des späten 19. Jahrhunderts voraussetzt, und gestaltet doch noch den Stillstand des ewigen Kreisens der Zeit, einen leichtfüßig voranschreitenden, abenteuerlichen und doch scheinbar geordneten Kreislauf von Geschlechtern und Biographien. Daran vermag auch die thematisierte Revolution (von 1911) nichts zu ändern. Denn der politische Wechsel der Dynastien (im Rhythmus von Jahrhunderten oder auch Jahrzehnten) gehört selbst diesem Kreislauf an. Und sogar die innersten Emotionen des Helden sind ihm unterworfen: Fall,

---

Handeln bzw. Nichthandeln der Figuren zu den Bedingungen steht, die Handeln ermöglichen, fordern oder aber ausschließen." (Ebd., 239) Entsprechend schlägt er vor, "sich in der gegebenen Figurenkonstellation — auch in parabolischer Form — eine satirische Komödie der Situationsverkennung vor[zu]stellen, basierend auf der Verfehlung offen zutage liegender Chancen, die eigene Lage zu ändern. Auch eine Tragödie wäre denkbar, deren Grundlage die völlige Versperrung aller Möglichkeiten zu rettendem Tun sein könnte, so daß am Ende nur die Untat bleibt [...]." (Ebd.) Diese Forderungen zur politischen Konformität können einen guten Einblick in die Leistung von Heins Stück im Zusammenhang der DDR-internen Theaterdiskussion geben.

10 Ich benutze die Übersetzung der *Selected Works of Lu Hsun* (Peking: Foreign Press, 1956) 1: S 76-135. Auch Hein betont die Qualität dieser Übersetzung, vgl. *Theater der Zeit* 1983: 54.

Aufstieg, erneuter Fall, großes Finale, die privaten Großmachtsträume des Individuums, die als Freiheitsträume an der Revolution partizipieren, die rebellische Sehnsucht nach Anarchie, die zugleich nichts weiter als der Wunsch nach dem Besitz des anderen ist.

Mit seinem Ah Q hat Lu Xun einen Menschentyp gestaltet, der einer ganzen Generation von Intellektuellen die soziale und mentale Situation auf dem Land als Ursache der hilflosen Erstarrung der chinesischen Gesellschaft in selbstgefälliger, rückwärtsgewandter Genügsamkeit entdeckte. Führt man sich vor Augen, in welchem Maß die Einsichten dieser Erzählung in der Strategie des Langen Marsches in politische Handlung umgesetzt wurden, so versteht man, daß Lu Xuns Erzählung ein literarpolitisches Phänomen darstellt, für das es zumindest in der deutschen Literatur keine Parallele gibt. Hinzu kommt, daß die innovative Aussage der Erzählung mit einer an der westlichen Moderne (was hier in erster Linie den russischen Realismus meint) orientierten Revolutionierung der narrativen Technik der chinesischen Prosa zusammengeht, die den *Ah Q* retrospektiv als "the cornerstone of modern Chinese realistic literature" erscheinen läßt.[11] Die chinesische Literaturwissenschaft sieht die einflußreiche narrative Innovation der Erzählung u.a. darin begründet, daß es Lu Xun gelingt, die alte chinesische Parabel und den modernen sozialen Realismus zu etwas Neuem zu verbinden.

> Not only has the author endowed his story with very high intellectual content, he has also created lifelike, vivid characters and situations. In his task of creating a type through characterization, he has delved deep into the complex social relations of life; thus his characterization is always subservient to typicalness, so that the ideas expressed through the types may not lose anything by characterization. At the same time, the characters are typical without becoming abstracted.[12]

In der Tat liegt der Reiz der Erzählung in hohem Maß in der Gleichzeitig- und Gleichwertigkeit von Typischem und Konkretem, die beide im selben Wort, in derselben Situation erstehen und eine einheitliche Welt evozieren. Lu Xun erreicht diese bestechende Erzählweise, indem er die gesamte Welt der Erzählung der Perspektive des Helden unterwirft, sie weitgehend in dessen soziotypischen und mental-ideosynkratischen Worten erzählt, gleichzeitig aber eine ironische, satirische oder gar mitleidige Distanz zum Helden und seiner Welt aufrecht erhält, die den Worten der Erzählung (als

---

11 Huang Sung-K'ang, *Lu Hsün and the New Culture Movement of Modern China* [1957] (Westport: Hyperion Press, 1975), S. 69.

12 Feng Hsüeh-feng, "On 'The True Story of Ah Q'," *The True Story of Ah Q* by Lu Hsün (Peking: Foreign Language Press, 1953), S. 96.

Worten von Held und Autor) ebenfalls eingeschrieben ist. Michail Bachtin hat diese Erzähltechnik am Werk Dostojewskijs im einzelnen aufgezeigt und betont ihre Bedeutung für die Prosa der Moderne. Besonders interessant in bezug auf Lu Xuns Erzählung scheint mir Bachtins Beobachtung, daß das Hineinnehmen der Welt in das Selbstbewußtsein des Helden verhindert, ihn "zu einem stimmlosen Objekt einer in seiner Abwesenheit durchgeführten, seine Gestalt abschließenden Erkenntnis" zu machen.[13] Für Lu Xuns Ah Q gilt meines Erachtens, was Bachtin den Helden Dostojewskijs zuschreibt: "Sie haben alle ein lebhaftes Empfinden für ihre innere Nichtabgeschlossenheit, für ihre Fähigkeit, über jede verdinglichte und abrundende Definition ihrer Person gleichsam von innen hinauszuwachsen und sie dadurch zur Unwahrheit zu machen."[14] Lu Xuns *Ah Q* evoziert in diesem Sinn eine unabgeschlossene, aber einheitliche, wenn auch skeptisch beleuchtete Welt, die sich der intellektuellen Definition beunruhigend entzieht und dennoch einen Anspruch auf typische Zustandsbeschreibungen aufrecht erhält. Die Potenz dieser literarischen Welt ist für Bachtin unmittelbar mit den Möglichkeiten des Romans, i.e. den 'hybriden Konstruktionen des polyphonen Romans' verknüpft.

> Eine fremde ideologische Welt kann man nicht adäquat abbilden, ohne sie selbst zum Vorschein zu bringen, ohne ihr eigenes Wort zu erschließen. Denn das für die Abbildung einer spezifischen ideologischen Welt tatsächlich adäquate Wort kann nur ihr eigenes Wort sein, wenn auch nicht allein, sondern in Verbindung mit dem Autorwort. Der Romancier kann seinem Helden das direkte Wort sehr wohl verweigern, er kann sich darauf beschränken, lediglich Handlungen abzubilden, doch erklingt in dieser Abbildung durch den Autor, wenn sie das Wesen erfaßt und adäquat ist, unweigerlich zusammen mit der Autorrede auch das fremde Wort, das Wort des Helden selbst [...].[15]

Diese Ausführungen mögen genügen, um klarzustellen, welch hoher politischer und literarischer Anspruch sich dahinter verbirgt, wenn Hein ein Stück nach Lu Xuns *Ah Q* für die Bühne der DDR verfaßt. Zudem dürfte zumindest angedeutet sein, daß bei einem Vergleich der beiden Werke nicht zuletzt die Frage nach der Leistungskraft der beiden Gattungen zur Diskussion steht. Wenn man der Prosa der Moderne mit Bachtin die Leistung zugesteht, ihren Figuren eine 'nichtabgeschlossene, nicht verdinglicht definierte Welt' zu schaffen, so stellt sich allemal die Frage, ob das

---

[13] Michail Bachtin, *Literatur und Karneval: Zur Romantheorie und Lachkultur*, Hrsg. Alexander Kaempfe (München: Hanser, 1969), S. 98f.

[14] Ebd., S. 99.

[15] Michail Bachtin, *Die Ästhetik des Wortes*, Hrsg. Rainer Grübel (Frankfurt: Suhrkamp, 1979), S. 223.

'postmoderne' Theater hier nicht einen Schritt zurückgeht.

Eine grundsätzliche Diskussion der Techniken, mit denen moderne Dramenformen, etwa das epische oder das absurde Drama, die Errungenschaften des polyphonen Romans zumindest in Teilen realisiert haben, muß hier ausgespart bleiben. Was freilich auch diese Dramentypen nicht kennen, sind hybride Konstruktionen wie die uneigentliche Erzählerrede, das 'im Innern dialogisierte Wort', das die Perspektive von Autor, Held und Erzähler (damit auch den vorausgesetzten Kontext des Lesers) gegeneinandersetzt.[16] Abgesehen von auktorialen Einschüben (wie sie etwa das Lehrstück bietet) oder gestischen und bühnentechnischen Signalen behaupten sich auf dem Theater stets nur das direkte Wort und Gegenwort der Helden. In einer Beziehung aber ist das Bühnen-Wort potentiell durchlässiger als das Wort des Romans, nämlich in bezug auf einen vorausgesetzten kollektiven Kontext des Publikums. Für das Drama (zumal für die konkrete Inszenierung) gilt, daß es den Kontext des *anwesenden* Publikums ganz anders und unter Umständen zwingender und direkter als der Roman in den eigenen Handlungsraum ziehen kann.[17]

Diese Möglichkeiten zum impliziten Dialog des dramatischen Wortes zwischen Bühnengeschehen und rezeptivem Kontext spielt Heins Adaption der chinesischen Fabel auf radikale Weise aus. Hein hat wiederholt darauf hingewiesen, daß für ihn jedes Stück, das heute geschrieben wird, ein Zeitstück über das Hier und Jetzt von Autor und Publikum ist, mag der Inhalt auch historisch sein.

> Stücke, die in der Gegenwart geschrieben werden, sind Gegenwartsstücke. [...] Ein Stück, das im Jahre 1978 geschrieben wird, äußert sich zu diesem Jahr (und möglicherweise mehr). Wenn der Stoff dabei in die Historie reicht, so ist dies ein Spezifikum des Genres Theater: Die Bühne arbeitet täglich mit Jahrtausenden, die Gestaltung eines Parteisekretärs kann den Hamlet nicht übergehen, Antigone ist theatergegenwärtig. Dramen- und theatergeschichtlich ist die Frage also ohne Belang. Korrekter zu fragen wäre also: Warum so viel Gegenwartsdramatik mit historischen Stoffen. Dafür gibt es viele Gründe und zusätzlich noch ein paar individuelle der einzelnen Autoren. Gebrannte Kinder erweisen sich halt als belehrbar. (SCH, 177)

Es geht Hein also darum, mit dem vergangenen und fremden Material Momente des Hier und Jetzt aufzuzeigen. Dabei sind zunächst zwei

---

16 Vgl. *Die Ästhetik des Wortes*, S. 213.

17 Ich stimme also nicht ganz mit Bachtin überein, wenn er die Kontextsensibilität der modernen Literatur als gattungspoetisches Spezifikum des Romans herausstellt. Vgl. Michail Bachtin, "Die beiden stilistischen Linien des europäischen Romans," *Die Ästhetik des Wortes*, S. 251-300.

vergleichende Perspektiven geläufig: Das Drama kann Parallelen zwischen der fremden Vergangenheit (inkl. ihrer poetischen Formen) und der Gegenwart aufzeigen und bewerten, oder es kann die Gewinne und Verluste der Gegenwart an der überkommenen Form auflisten (vielleicht das Brechtsche Verfahren). Hein geht einen dritten Weg. Er borgt die Fabel der chinesischen Erzählung, ohne deren poetische Welthaltigkeit überhaupt nachgestalten zu können oder zu wollen. Die Fabel dient ihm lediglich als szenischer Rahmen für eine Rhetorik, die sich in Hinblick auf ihre historischen, sozialen und thematischen Bedingungen völlig aus ihm löst. Die Dialoge der Figuren sind nur noch nebenbei am diskursiven Aufbau des Bühnengeschehens beteiligt, in erster Linie richten sie sich über die Köpfe der Mitstreiter und den Bühnenrand hinaus direkt an die Zuschauer, auf deren zeitgenössische Denk- und Sprachgewohnheiten sie in allem angewiesen sind.

Hein sagt über den *Ah Q*: "Für mich ist eine strenge Struktur eine der Bedingungen eines Kunstwerkes. [...] Und die ist auch im AH Q vorhanden[...] Alle Freiheiten sind mir im Grunde nur über eine sehr strenge Struktur möglich."[18] Die Frage ist freilich, ob sich im *Ah Q* die Fabel, die poetische Struktur überhaupt noch gegen den weitgehend abgekoppelten Dialog behaupten kann, oder ob sie als bloße Spielvorlage willkürlich, ambivalent und mehrdeutig im Sinn von undeutlich bleibt. Diesen Vorwurf erhebt Martin Linzer, der Alexander Langs Inszenierung quasi gegen das Drama selbst verteidigt. Er hält Langs konsequente "komisch ausstellende Interpretation" für einen "produktive[n] Weg, 'die Nichteindeutigkeit des Ah Q ein wenig eindeutiger' zu machen, soviel an Dunkel-Rätselhaftem auch für den Betrachter bleiben mag [...]."[19] Andreas Roßmann hält dagegen "eine härtere, kältere Lesart [...] als Langs heitere, clowneske, ja elegante Inszenierung [für denkbar], die die Theaterebene der Vorlage noch betont: Wiederholt werden die Szenen mit Teeny-Pop-Songs angehalten und Spielzüge demonstrativ ausgestellt [...]."[20] Es wird sicher Aufführungen geben, die weniger die clownesken als die zynischen Momente in den Vordergrund stellen, aber auch sie werden das Stück kaum zu mehr als zur Spielvorlage für kabarettistische Dialoge machen können. Damit ist das Entscheidende gesagt: Ich finde in Heins dialogisierter Auflösung und szenischer Ausschlachtung der Geschichte des Ah Q kein Drama, sondern Kabarett. Drama setzt für mich die Gestaltung einer

18 *Theater der Zeit* 1983: 55.

19 Linzer, S. 54.

20 Andreas Roßmann, "Die Revolution als Geisterschiff," *Theater Heute* März 1984: 53.

erkennbaren Welt, und sei es nur die Entfaltung einer visuellen, dialogischen oder monologischen Stimmung voraus, zu der der Zuschauer sich emotional und/oder rational verhalten kann. Kabarett oder etwas genauer 'situation comedy' (im Sinn des US-Fernsehens) nenne ich eine Bühnenform, in der die Fabel lediglich zur Umsetzung von direkt an das Publikum gerichteten witzigen Dialogen oder 'punch lines' vor unhinterfragtem Kontext genutzt wird.

In Heins Stück lassen sich zahlreiche Szenen, Situationen, Haltungen und rhetorische Floskeln aus Lu Xuns Erzählung wiedererkennen; aber sie fügen sich kaum noch zu einem bühnenimmanenten Geschehen, das sie poetisch positionieren könnte. Zitierte Momente wie der Stillstand des Kreislaufs der Zeit oder die Stadien von Ah Qs Selbstbewußtsein gestalten in Heins Drama keine poetische Welt, sondern dienen als thematische Kulminationspunkte eines alles beherrschenden intellektuellen Kommentars. "Unverändert. Das gleiche Loch. Die Welt dreht sich, die Planeten wandern, hier steht die Zeit still" (AHQ, 109). Diese Arbeit der Erläuterung wird am stärksten einer Figur aufgebürdet, die Hein eigens dazu erfunden hat: Einer von Ah Qs Konkurrenten auf dem Markt der Gelegenheitsarbeiten und dem Schlachtfeld krudester Hackordnungen, 'Ringworm Whiskers Wang', wird von Hein zum Intellektuellen der Revolution, 'Krätzebart Wang', befördert — genauer, zum Paradox eines chinesischen Weisen der europäischen Revolutionen. Damit verschiebt sich das ganze Unternehmen zum grotesken Ideendrama, zum dialogisch geführten Ballspiel ideologischer Weisheiten, Sprüche, Hoffnungen und Paradoxien. Auf diese Weise kann Hein ohne Mühe DDR-spezifische Themen ansprechen lassen — häufig mit paradoxem Witz, der in erster Linie auf die sprachliche Entlarvung aktueller Denkklischees zielt, die freilich erst von Hein selbst als erkennbare Anachronismen aus dem Sprach- und Ideenkatalog der DDR eingebracht werden. In Lu Xuns Erzählung kommen Begriffe wie Leben, Wahrheit, Lebensaufgabe, Dialektik, etc., allenfalls im ironischen Erzählerkommentar über die Bildungskasten der konfuzianischen Verwaltungshierarchie vor. Philosophie ist hier ein System geordneter Unterdrückung, dem sich alle, vor allem aber die Nichtwissenden (die 'Nichtexaminierten') vom Schlage eines Ah Q begrifflich unterwerfen. Bei Hein sind Ah Q und Wang, aber auch alle Nebenfiguren selbst in die Kaste der Philosophen aufgerückt. Sie leben nicht, sondern diskutieren das Leben und können eben darum keine Ahnung mehr davon vermitteln.

> Es ist unbegreiflich. [...] Wie ein Verhängnis. [...] Da ist man zur Welt gekommen, hat seine Bestimmung, seine Aufgabe, und was tut man? Man

> richtet sich zugrunde. Die einen mit Alkohol, die anderen mit Denken. Das Ergebnis ist in jedem Fall das gleiche: ein zerfranster Verstand, tauglich, um Fliegen zu fangen. (AHQ, 121)

"Leben, das ist etwas ganz anderes, als ihr seid. Es ist schön — wie eine Frau. [...] Früher wußte man, was das ist, Leben. Dann hat man es vergessen" (AHQ, 113). Der verbale Aktivismus dieser in lähmender Lethargie erstarrten Revolutionsphilosophen ist verzweifelt und richtungslos: "Trotzdem, dem Schicksal eine in die Fresse. [...] Dem Verhängnis ein Tritt in die Eier" (AHQ, 84).

Krätzebart und Ah Q führen in ihren desperaten, komischen Dialogen einen grundlegenden Widerspruch vor: Ihre fragmentarischen, im chinesischen Kolorit verfremdeten Denk- und Sprachklischees, in denen sie sich als Subjekte der revolutionären Geschichte zu behaupten suchen, stehen in groteskem Verhältnis zum lethargischen Erleiden ihres entwürdigenden Alltags. Während sie eine kleine Feier mit Schnaps und Zigarren, zu der auch ihre direkten Gegner, der Tempelwächter und der Polizist Maske, erschienen sind, veranstalten und von der Revolution träumen, hat diese ihr Dorf erreicht und passiert ohne ihre empfindsamsten, gebildetsten und enthusiastischsten Anhänger.

> AH Q Hörst du, Krätzebart? Eine Revolutionspartei. Ich frage mich, wieso man vergaß, uns einzuladen. Wieso man es wagte, uns zu vergessen. WANG Ignoranten. AH Q Man wollte uns kränken. WANG Dilettanten. AH Q Man wollte uns provozieren. WANG Arschlöcher. AH Q Man hat es gewagt, den großen Gelehrten Krätzebart Wang zu vergessen. Von mir will ich nicht reden. [...] WANG Wer kennt sie schon, diese Revolutionspartei. Sind es wahrhafte Revolutionäre, Anarchisten wie wir? Oder sind es Opportunisten? [...] WANG Die Geschichte liebt Sprünge. Dialektik. Vom Niederen aufsteigend zum Höheren und abfallend ins Triviale. AH Q Ah ja. WANG Logik und Metalogik. Aus a folgt non a. Aristoteles, Pascal, Oxford. Hier Weltgeist, dort Paperback. Das Gedächtnis der Toten. AHQ Ich verstehe. WANG Die Scheinfrage der Wissenschaft: Sein oder Nichtsein. Du kannst siebzig Jahre darüber nachdenken, und wenns hochkommt achtzig, dann ist diese Frage für dich entschieden. AHQ Das Ei des Kolumbus. Der Horizont hellt sich auf. WANG Ich bin völlig erschöpft. (AHQ, 123-126)

Schließlich werden die traurigen Helden der Revolution von der revolutionären Macht (es handelt sich um die alten Machthaber mit neuem Titel) beseitigt. So bleiben die Subjekte der Revolution, Krätzebart, der 'Intellektuelle', und Ah Q, der 'klassenbewußte Prolet', die Clowns und Opfer der Macht. Diese szenische und figurative Konstellation macht den Kern der komprimierten Restfabel des Stücks aus, die von einem entsprechend disponierten Publikum natürlich direkt und ausgesprochen komisch auf Kontexte der DDR appliziert werden kann.

> Revolutionen werden gemacht, sie sind keine Umwälzungen, sondern nur Wiederholungen der alten Machtstrukturen mit anderen Vorzeichen. Die Menschen, die auf sie warten, werden von ihnen überrascht, im besonderen Fall sogar im Schlaf, aber auch das ist egal, denn das Warten war umsonst, es hört nicht auf.[21]

Frank Hörnigk ist einer der wenigen DDR-Kritiker, die einräumen, daß solch eine Rezeption möglich ist, windet sich aber mit einer formanalytischen Beschwörung der kommunikativen Vieldeutigkeit moderner satirischer Formen aus diesem brisanten Zugeständnis.

> Für die Lebenswirklichkeiten von Lesern, Zuschauern und Kritikern, wenn sie sich über das Theater, die Literatur allein die Erkenntnis ihrer wirklichen Mitbetroffenheit erlauben, bleibt solcherart 'ungebührlicher' Blick allerdings mit Notwendigkeit fremd, die Chance zur Rückübersetzung der satirischen Negativität in die eigene Lebenswirklichkeit geht verloren. Dennoch wird man den Text ohne Zweifel auch so lesen können.[22]

In einer Beziehung hat Hörnigk mit seiner Kritik recht. Hein durchkreuzt den revolutionsspezifischen Kontext der Szene tatsächlich mit so vielen parallelen und gegenläufigen Fragmenten aus Lu Xuns Erzählung, daß es schwer fällt, 'eigene Lebenswirklichkeiten' länger und tiefer als im Moment des Lachens zu realisieren.

Dahinter verbirgt sich ein grundsätzliches formales Problem des Stücks. Denn Heins teils durchaus originelle Neuordnung des Revolutionsstücks zum Kabarett verzichtet nicht darauf, das Szenario der epischen Haltungen, Situationen und Kommentare aus Lu Xuns Erzählung aufrechtzuerhalten. Fast scheint es, als geschehe das nur, um dem Stück den Anstrich des literarisch innovativen Experiments zu geben und damit die Bühnen der Avantgarde zu sichern. Dem vergleichenden Blick muß dabei auffallen, in welchem Maß selbst kleinste Details, Wortprägungen, Sätze und Gesten von Lu Xun übernommen sind, nämlich in einem Umfang, der kaum erlaubt, Heins Stück ohne Lu Xuns Vorlage zusammenzubringen. Mit anderen Worten, Heins Stück findet kein poetisches Verhältnis zu Lu Xun und seiner Kunst, sondern einzig zu seiner eigenen Zeit. Dabei stellt sich

---

21 Frank Hörnigk, "'Die wahre Geschichte des Ah Q' — ein Clownsspiel mit Phantasie," *DDR-Literatur '83 im Gespräch*, Hrsg. Siegfried Rönisch (Berlin, Weimar: Aufbau-Verlag, 1984), S. 236.

22 Ebd., S. 237.

die Frage, ob Lu Xuns Erzählung dennoch nicht auch zu Heutigem mehr zu sagen hat, als Heins Drama.

Einige Beispiele sollen diese Thesen konkretisierend erläutern. Beginnen wir mit dem Untertitel des Stücks, 'Zwischen Hund und Wolf', dessen enigmatisches Pathos einer Parabel wohl würdig wäre. In Lu Xuns Erzählung *Das Tagebuch des Verrückten*, die mit dem Konfuzianismus als 'menschenfressendem System' abrechnet, heißt es: "Die *hyena* ist eine Verwandte des Wolfs, der Wolf wiederum gehört zu derselben Familie wie der Hund."[23] In der Tat bezeichnet dieses Bild auch das Verhältnis von Lu Xuns Ah Q zu seiner Welt, ohne daß es als Metapher behauptet werden müßte: eine Hyäne unter Hyänen, die gern Wolf oder Hund sein wollen. Wenn Lu Xun seinem Ah Q sowohl einen Hund als auch einen Wolf über den Weg schickt, so spielt er selbst bereits mit einem zitierenden Verweis auf seine erste bedeutende Erzählung. (Das Zitat ist ja keine Erfindung postmoderner Kunstformen.) Ein fetter schwarzer Hund vertreibt Ah Q aus dem 'Convent of Quiet Self-improvement'. Auf dem Weg zu seiner Hinrichtung bedrängt ihn die Erinnerung an eine vier Jahre zurückliegende Begegnung mit dem Wolf: "And now he saw eyes more terrible even than the wolf's: dull yet penetrating eyes that seemed to have devoured his words and to be still eager to devour something beyond his flesh and blood."[24] Bei Hein dagegen muß der symbolische Stellenwert des Bildes in den Titel aufgenommen werden, denn auf seiner Bühne stellt er sich nicht mehr dar, ist er selbst als Zitat (es wäre ja auch das Zitat eines Zitats) nicht länger erkennbar. "Ausräuchern werden wir euch Lakaien. Euch Hyänen" (AHQ, 89). Man tut gut daran, auf den Kommentar des Autors zurückzugreifen, um zu verstehen, wie dieses 'Zwischen Hund und Wolf' intendiert ist. Heins Interesse an der Figur Ah Qs gilt dem "Vertreter einer Zwischenschicht."[25] Allerdings meint diese Schicht

> nicht mehr die Dorfarmut, wie bei Lu Xun, sondern die Intelligenz. Da ist ja vielleicht eine vergleichbare Haltung zu finden. [...] Die chinesische Dorfarmut war in Mitteleuropa immer die Intelligenz. [...] Aber wie in der Novelle bleibt Ah Q auch im Stück von jener Merkwürdigkeit, zwischen den Interessen dahinzuschwimmen. Einer, der sich mal den einen, mal den anderen ein wenig anschließt, ohne irgendwo richtig zu Hause zu sein.[26]

---

23 Lu Xun, "Das Tagebuch des Verrückten," *Hoffnung auf Frühling. Moderne Chinesische Erzählungen* (Frankfurt: Suhrkamp, 1980), S. 30f.

24 Lu Hsun, "The true story of Ah Q," *Modern Literature from China*, ed. Walter J. Meserve (New York: New York University Press, 1974), S. 66.

25 *Theater der Zeit* 1983: 54.

26 Ebd.

Von ihrem Selbstbewußtsein her haben Wang und Ah Q natürlich eine klare Vorstellung von ihrem Interesse, es gilt der Revolution. Nur hat deren Realität nichts mehr mit ihren Idealen und Hoffnungen zu tun. Um den Zustand des 'Dazwischens', des lähmenden Wartens auf einen illusionären intellektuellen Fluchtpunkt (der natürlich an Becketts *Godot* erinnert) politisch und psychologisch zu entfalten, brauchte das Stück freilich mehr, als den bloßen Namen der Revolution.

> Beim *Ah Q* noch mehr als etwa beim *Lassalle* ist die Revolution kaum mehr als ein Geisterschiff. [...] Wir haben hier viel weniger als in der Lu-Xun-Geschichte tatsächliche Anhaltspunkte dafür, daß da irgendetwas stattgefunden hat. Es hat irgendwie etwas Aufruhr gegeben im Dorf, aber im Stück bekommen wir keine Sicherheiten.[27]

Einerseits braucht Hein die Revolution nicht, da es um Haltungen geht, "die nur bedingt von Revolutionen tangiert werden."[28] Andererseits will er die Revolution sehr konkret verstanden wissen, analog der chinesischen Revolution von 1911, die Lu Xun thematisiert:

> eine Revolution, die nichts verändert. Da findet tatsächlich kaum etwas statt, nur die Nomenklatur ändert sich. Viel mehr ist das nicht. Und insofern wäre das genaugenommen nicht einmal ein Zusammentreffen dieser Figuren mit der Revolution, sondern mit einer, sagen wir's freundlich: einer sehr eingeschränkten Revolution; nicht so freundlich formuliert: einer degenerierten.[29]

Ich glaube schon, daß diese Analogien, die vor dem Hintergrund der DDR-Geschichte ja von großer Brisanz sind, möglich sind. Nur werden sie von Heins Stück weder entfaltet noch zwingend eingebracht, nicht einmal in dem Maß, wie sie sich bei der Lektüre von Lu Xuns Erzählung selbst einstellen können.

Das 'Dazwischen' heißt für die Poetik von Heins Stück, daß sein Ah Q ein Vagabund ohne faßbare Welt und darum selbst kaum faßbar ist. Handlung und Dialog setzen konsequent auf Typik, und doch verlieren die Figuren an ihr. Denn auch das Typische gibt sich nur in konkreten Welten zu erkennen. Zum Teil stößt Hein hier auf Grenzen der gewählten Gattung.[30] Bei Lu Xun kann gerade die fundamentale Kommunikations-

---

27 Ebd.

28 Ebd.

29 Ebd., S. 56.

30 Hein selbst deutet das an, wenn er zur Erklärung des Stücks auf seine Novelle *Der fremde Freund* verweist. "[...] ich habe diese Fassung des *Ah Q* unmittelbar nach dem *Fremden Freund* geschrieben, und der *Ah Q* ist für mich

losigkeit der am Rande der kleinen Machtzentren herumstreunenden 'Hyänen' im stellvertretenden Hauen und Stechen der alltäglichen Auseinandersetzungen die beschädigte Seele hervorkehren. Auch bei Hein heißt es an einer Stelle: "Nur keine Vertraulichkeiten" (AHQ, 111). Der Dialog, der die Bühne und die Figuren beherrscht, ist aber von einer geradezu utopischen Vertraulichkeit, muß es sein, da er nur so die intellektualisierte Ebene erreichen kann, die Heins Stück braucht.

Alle typologischen Haltungen und Situationen, die sich bei Lu Xun herstellen, müssen bei Hein als solche auf der Bühne begrifflich behauptet werden; was nicht leicht ist, denn hat man die Begriffe, so braucht man (Hein zufolge) die Kunst nicht. So wird das Stück zu einem Sammelpunkt überkommener Begriffe, die auf die Probe der Kunst gestellt werden sollen und von denen doch zunächst nur auffällt, daß sie Heins Bühne nicht loslassen wollen. Freilich weiß Hein um diese Struktur seines Stücks und läßt sie von Wang als Kern seiner Lebensgeschichte beschreiben. "Als ich vierzehn war, besaß ich ein Kontorbuch, in dem ich Lebensweisheiten eintrug. [...] Damals besaß ich über dreihundert Lebensweisheiten. Heute besitze ich nicht eine mehr" (AHQ, 92).

Ah Q und Wang sind Angestellte der DDR, deren Dialoge bisweilen an Brauns Hinze und Kunze erinnern. Aber auch das muß uns von den Figuren selbst in einer Szene, die den artifiziellen Spielraum der Bühne durchbricht, erzählt werden, sonst wüßten wir es nicht. Ah Q ruft ins Publikum:

> Wir spielen schließlich Szenen aus der Welt der Angestellten. Das sollte sie interessieren. [...] Gestern war ich ein ordentlich angestellter Angestellter. Mit Bürostunden und Vesperzeit. Mit Rechnungsbogen, Posteingangsstempel, Postausgangsstempel, einem dienstlichen Kloschlüssel. [...] WANG Ja, die Angestellten. AH Q Unsere Botschaft soll ihr Herz erreichen und erweichen. WANG Ich spekuliere mehr auf einen Mäzen. [...] AH Q Eine kühne Vison. WANG Die tapferen Träume unserer Kinderjahre. (AHQ, 126f.)

Vom Kommentar der gattungspoetischen Intention zum Angestellten einer verstaatlichten Gesellschaft und wieder zurück zur Legitimitätsfrage der Kunst und das alles auf einmal. Die assoziative Breite dieses intellektuellen Ballspiels macht die Qualität von Heins Stück aus. Natürlich hat der Staat auch andere Angestellte, deren anachronistische Spiegelbilder aus Lu

---

die Dramatisierung des *Fremden Freundes*, aber das kann wohl kein anderer verstehen. [...] Soviel nur, um die enge Sicht auf den *Fremden Freund* etwas aufzulockern und möglicherweise die Nichteindeutigkeit des *Ah Q* ein wenig eindeutiger zu machen. Ja, die beiden Sachen werden ganz verschieden gesehen, aufgenommen; aber für mich gibt es sehr viele Beziehungen." Ebd.

Xuns Erzählung übernommen werden, z. B. den Tempeldiener und den Polizisten Maske als Lakaien der Macht: "Aber nein, er scharwenzelt um den gnädigen Herrn, leckt dem Ausbeuter den Arsch. [...] Du und dein Pfaffe. Rom und die Inquisition. Alle ihr bigotten Speichellecker" (AHQ, 88).

In Lu Xuns Erzählung tritt Ah Q als krimineller Geschäftsmann auf und erlebt als solcher den Höhepunkt seiner Karriere, so daß schließlich sogar die mächtige Familie Chao Interesse für ihn entwickelt. Das geschieht auch bei Hein, wird allerdings dermaßen verkürzt zitiert, daß nicht mehr erkennbar bleibt, in welchem Maß das Interesse am anderen ein Interesse an dessen Waren ist. Entsprechend ist Heins Zitat von der Ausraubung des 'gnädigen Herrn' und damit der gesamte Komplex der Verurteilung und Hinrichtung des unschuldigen Ah Q ohne Lu Xuns Vorlage schlechterdings unverständlich. Was kann man z. B. mit den Opernversen "Mit einer Stahlpeitsche werd ichs dir geben" (AHQ, 116), die die Delinquenten auch bei Hein auf dem Weg zur Hinrichtung zu singen pflegen, anfangen, wenn der situationelle und historische Kontext aus Lu Xuns Erzählung verloren gegangen ist.

Was vor allem auf der Strecke bleibt und was dem Hyänenleben erst Farbe und gesellschaftliche Konkretisierung gäbe, ist die Faszination der Ware, die bei Lu Xun die Emotionalität von Geschäft und Politik dominiert. Bei Hein taucht sie allenfalls im Negligé wieder auf, mit dem Ah Q die Nonne verführen will, wird da aber der Geschlechterproblematik untergeordnet. Und auch diese selbst bleibt bei Hein trotz hinzuerfundenen Momenten wie Vergewaltigung und Totschlag abstrakt. Hier fällt abermals im Detail auf, in welchem Maß Hein von Lu Xun geborgt hat, ohne das Geborgte noch in seine Fabel integrieren zu können oder zu wollen. Lu Xuns Ah Q streichelt der Nonne den kahlgeschorenen Schädel und läuft tagelang mit samtenen Fingern herum und, als könne er fliegen, bis er eine Magd seines Brotgebers anspricht und daraufhin aus dem Haus geworfen und für Monate von den Dorfbewohnern geächtet wird. Bei Hein werden diese zentralen Emotionen in zwei Sätzen zitiert und bleiben gänzlich auf Lu Xuns Erzählung angewiesen. "Ah Q reißt ihren Nonnenschleier herunter und streichelt ihren Kopf" (AHQ, 97). "Maria Martha Martirio. Das klingt wie ein Atmen. Wie ein Vogelflug" (AHQ, 98). Da helfen auch die verquere Symbolik des von Hein erfundenen Namens der Nonne und die daraus resultierenden Kalauer nichts.

Unmittelbar mit dem Gefühl des Fliegens hängen bei Lu Xun das durchgängige Hochgefühl Ah Qs und die Bewußtseinstricks zusammen, die ihm erlauben, seinen Stolz trotz Hungers und körperlicher Niederlagen zu behaupten. Diese mentalen Siege Ah Qs, die ihn in die Lage versetzen, selbst das größte Elend konsequenz- und rebellionslos zu ertragen, bilden den Kern von Lu Xuns Erzählung. Denn sie konkretisieren den Zustand der ganzen Nation, die ihre ökonomische und politische Rückschrittlichkeit hinter dem feierlichen Bewußtsein ihres kulturellen Erbes und ihrer vermeintlichen geistigen Überlegenheit verschleiert.

> It was Lu Hsün's intention to lay bare the weakness of the subdued peasants, who used the device of their 'spiritual victories' as an escape. As in a mirror, he reflected the much deeper, broader and more serious weakness of the Chinese people in their refusal to face up to the realities of life, their own defects, and the danger confronting their country. Through exposing the 'national failings' he hoped that a remedy might be found in time to save the nation from the consequences of its conceived feeling of moral superiority over foreign countries — a feeling it harbored in spite of its helplessness in the face of their aggression.[31]

Es liegt auf der Hand, daß sich hier faszinierende Parallelen bieten; zumindest dürfte es dem Leser von Lu Xuns Erzählung nicht schwer fallen, diese Zusammenhänge von kompensierender Verkennung individueller und nationaler Schwächen auf sich selbst und sein Hier und Jetzt zu beziehen. Bei Hein wird die Technik der 'mentalen Siege' als rhetorische Trope zitiert, allerdings auf eine Weise, die das Aussagepotential der Erzählung eher verkürzt als hermeneutisch neu eröffnet. Wird Lu Xuns Ah Q als Hund beschimpft, pflegt er zu kontern: ein Insekt, weniger als ein Insekt, und schleicht sich mit blauem Rücken, aber im Gefühl unerreichter geistiger Würde davon. Bei Hein sagt nicht Ah Q, sondern ausgerechnet der Tempelwächter unvermittelt von sich "Eine Ratte oder weniger" (AHQ, 102), ohne daß der fundamentale Zusammenhang der Überlebenstechniken des 'Hyänen'-Bewußtseins damit auch nur angedeutet sein könnte. Was an analytischer Aussage bleibt, ist die freilich ohnehin vorausgesetzte Einsicht, daß alle Figuren des Stücks Opfer der Verhältnisse sind: Wang und Ah Q in ihrem illusionären Traum von der Revolution, die sie debattierend verschlafen; der alte Tempelwächter, der den Vagabunden zynisch und anspielungreich die gesellschaftlichen Werte (wie Arbeit, Gesundheit, Sport und Disziplin) anträgt, die sein Leben ruiniert haben; die Nonne, in ihrer Wahl zwischen Negligé und Himmel; der Polizist "Maske, der ja fast alles hinter sich hat, der von sich nur erwartet, gut zu funktionieren. Vielleicht, weil er am schlimmsten vergewaltigt wurde, jedenfalls mit dem schlimmsten Ergebnis."[32]

---

31 Huang Sung-K'Ang, S. 59f.

32 *Theater der Zeit* 1983: 56.

Als intellektuelle Problematik verschränkt Hein den Komplex des mentalen Siegesbewußtseins mit der erhebenden Funktion des Traums von der Anarchie. "Wie schön. — Ich bin gern Anarchist. Ich habe soviel Haß in mir. Gegen alles. — Es lebe die Anarchie. [...] Es ist so schön. Es erleichtert mich irgendwie. [...] Ja. Wenn ich es nochmal rufen dürfte, ich glaube ich wäre glücklich" (AHQ, 90f.). Die Berufung auf die Anarchie bekommt hier die unselige Funktion, die das geistige Erbe bei Lu Xun für die alte Klasse der chinesischen Intellektuellen hat. Ich halte diese Parallele für das stärkste Moment in Heins Drama. Denn es stimmt zugleich komisch und nachdenklich, den Traum von der Anarchie auf diese Weise in seiner historischen Aporie und modernen Verkommenheit verkündet zu hören. Dabei beschwört Heins Ah Q eine grundsätzlich andere Anarchie als die, die Lu Xuns Ah Q lebt. Der Ah Q der DDR berauscht sich nurmehr am bloßen Begriff der Anarchie, und vielleicht ist es diese lebens- und politikuntüchtige, intellektualisierende Verkümmerung, die Heins szenische Transformation der sozialen Geschichte der Revolution zum Ideendrama insgesamt spiegelt. Hein selbst will die antizipatorische Lust an der Anarchie eng mit der Wut zur Zerstörung verbunden wissen. "Aber ich glaube schon, daß die 'europäische Art' der Verarbeitung von Niederlagen eine etwas andere ist. Eine, wie die Begriffe eben lauten, 'Trauerarbeit' oder 'Lust an der Katastrophe.'"[33] Im Stück wimmelt es von verbalen Haßausbrüchen der Helden, die auf lakonische Weise die Gewalt als Gewalt von Ordnung, Revolution, Anarchie, Faschismus und Terrorismus problematisieren.

> WANG Von der Erde werden wir euch fegen. Ertränken im heiligen Blut der Revolution. Die Feinde der Freiheit, die Feinde des Volkes, wir werden sie zerschmettern wie — AH Q *behilflich:* Wie junge Katzen. Mit dem Kopf gegen die Mauer. (AHQ, 88f.)
>
> . . .
>
> MASKE Natürlich, Gewalt muß sein. Das Volk gehorcht nicht. WANG Auch Gesetze sind Anarchie. Alles Anarchie, mit Gesetz oder ohne. Alles Gewalt. Der Unterschied ist, wir sind ehrlicher, betrügen das Volk nicht. [...] Dummköpfe, Ignoranten. Was für ein Volk. Wenn ich wenigstens Sprengstoff hätte (AHQ, 133).

Ich bin mir dennoch nicht sicher, ob die Technik des 'mentalen Siegesbewußtseins', wie Lu Xun sie an seinem Dorfvagabunden entwickelt, nicht auch für die Intelligenz Europas von weit größerer Aktualität und Brisanz ist, als die Wut zur Zerstörung oder der verkommene Traum von der Anarchie. Zumal Lu Xun auch den Zusammenhang von Haß und Revolte

33 Hein, ebd., S. 54.

weit überprüfbarer gestaltet.

> Revolt? It would be fun [...]. Then all those villagers would be in laughable plight, kneeling down and pleading, 'Ah Q, spare our lives.' But who would listen to them! The first to die would be Yound D and Mr. Chao, then the successful county candidate and the Imitation Foreign Devil [...]. Things... I would go straight in and open the cases: silver ingots, foreign coins, foreign calico jackets[...] first I would move the successful county candidate's wife's Ningpo bed to the temple, and also [...].[34]

Auch Heins in wenigen Wortspielen angedeutete Spiegelung der Niederlage des Intellekts der Revolution vor ihrer Geschichte setzt Lu Xuns Erzählung im Detail voraus. Was kann man z. B. (etwa über deutsche Ausländerfeindlichkeit hinaus) mit Ah Qs Zitat der "ausländischen Teufel" (AHQ, 130) anfangen, wenn man Lu Xuns bestechende Figur des zopflosen Revolutionärs 'Imitation Foreign Devil' nicht kennt. Wieder legt die Lektüre der Erzählung selbst deutlichere Parallelen zu aktuellen Einstellungen und Emotionen nahe, u. a. zum Verhältnis der DDR-Bürger zu ihrer importierten Revolution.

Ein letztes Beispiel: Wie soll man Ah Qs unvermittelten Verbrüderungsversuch mit der Macht — der Satz "Alle Menschen sind Brüder, also sind alle verwandt" (AHQ, 101) trägt ihm 60 Peitschenhiebe ein — mit irgendwelchem Leben füllen, das über die Ebene der witzigen Anspielung auf Paradoxien realsozialistischer Ideologien hinausgeht, wenn man das erste Kapitel von Lu Xuns Erzählung nicht kennt. In diesem einleitenden Kapitel umreißt der Erzähler in einem langen Kommentar zu Ah Qs Namen, Geschlecht und Herkunft, der fast unmerklich in die Geschichte selbst übergleitet und von Gerüchten berichtet, daß Ah Q sich dem Herrn Chao als Verwandter vorgestellt habe, den Universalitätsanspruch seines Helden, dessen Ah Q-ismus sich eben nicht auf 'Dorfarmut' oder 'Intelligenz' beschränkt.

Der Versuch, Heins Stück als Spielanlaß für eine 'situation comedy' vor aktuellem Kontext zu beschreiben, wird von den spärlichen Regieanweisungen und Heins Vorschlägen für das Bühnenbild bestätigt. Wang und Ah Q leben im großen Winter. Sie vegetieren auf nassen Matratzen in einem Schutztempel mit löchrigem Dach, durch das Schnee und Kälte dringen. Das Bühnenbild skizziert sie als arbeitslose und auch arbeitsscheue Freigänger: Tagsüber treiben sie sich auf der Straße herum, nachts werden sie im Schutztempel eingeschlossen. Die Anspielungen sind deutlich und witzig: "WANG Die Stunde meiner Bestimmung sollte mich bereit sehen.

---

[34] Lu Xun, S. 54f.

Das ist vorbei. AH Q Ja, diese Stunde sieht uns eingeschlossen. [...] WANG Danken wir dem Schicksal, daß es uns in dieser Stunde eingeschlossen hat. Wir sind in Sicherheit" (AHQ, 93). Die Helden 'dürfen' im Schutztempel leben, weil sie den Auftrag haben, ihn zu reparieren; und in der Verweigerung dieser Aufgabe liegt ihr kleiner, sabotierender Triumph. "Soll dein Tempel zerfallen. Habt lange genug auf uns herumgetrampelt" (AHQ, 88). Schon diese Sätze können zeigen, daß das Assoziationspotential, das Hein entwickelt, keineswegs harmlos ist. Es finden sich darüber hinaus isolierte und im fremden Kontext der Fabel auffällig deplazierte Sätze, deren Spiel mit Vorurteilen und Klischees aus dem Kontext der DDR von äußerster Brisanz ist. Um auch davon einige Beispiele zu geben: "Man zerstört das Wenige, was man besitzt. Wie die Vandalen. Die asiatischen Barbaren. Keine Kultur, keine Vernunft" (AHQ, 90). "Unsere Träume holen uns überall ein. Warum davonlaufen. Schlaf jetzt" (AHQ, 120). "Man hätte den gnädigen Herrn beizeiten — und wenn ich beizeiten sage, meine ich auch beizeiten — in seiner eigenen Scheiße ersticken sollen" (AHQ, 126). "Revolutionäres Kloster zur unbefleckten Empfängnis, so heißen wir jetzt" (128). "Du packst, Krätzebart? Willst du verschwinden? Es heißt, vor der Revolution soll keiner davonlaufen. WANG Was für eine Revolution?" (AHQ, 134). Man bekommt den Eindruck, daß Hein in diesem Stück den (kabarettistischen) Ehrgeiz entwickelt, sich so ziemlich alles von der Seele zu schreiben, und es ist schon eine erstaunliche Leistung, daß ihm das auf eine Weise gelingt, die erlaubt hat, das Stück in der DDR aufzuführen. Andererseits hieße das auch, daß die poetische Fabel des Ah Q aus dieser Sicht vor allem der kunstvollen Verschleierung (und gleichzeitig der Ermöglichung) von direkten politischen Sentenzen dient — ein Verfahren engagierter Kunst, das Hein explizit ablehnt.

Erich Loest hat in seinem Roman *Zwiebelmuster* herbe Kritik an dieser Art komischer 'allusions politiques' formuliert. Während einer Aufführung des Heinschen Stücks (am Deutschen Theater) steigt in Marion (der durchweg positiv gezeichneten Tochter des Romanhelden) "Zorn auf":

> da amüsierte sich das Völkchen auf Kosten der Spinnereien der Alten da oben, delegierte es Unbehagen und Ärgerlichkeit, feixte auf Kosten der zerlumpten Kerle über eigenes Versagen, war feig und schluckte alles, so wie ihre Freunde und sie den Hohn der Polizei hatten ertragen müssen [...]. Das hier war Gequatsche über sogenanntes Leben, das Leben selbst spielte sich ganz anders und woanders ab [Das weiß Wang freilich selbst, B. F.]. Nun ja, ob es diese Aufführung gab oder nicht, war ohne Belang. Die meisten Besucher hatten sich amüsiert und das auf eigene Kosten, na

schön.[35]

Natürlich treffen diese Beobachtungen zum Teil das grundsätzliche Dilemma einer Kunst, die unter den Bedingungen verschärfter Zensur funktionieren will. Eine solche Kunst muß selbst dann, wenn es ihr gelingt, über Umwege Politisches zu formulieren, immer zugleich Medium legitimistischer Kompensation sein. Eigene Betroffenheit, über die man im Theater schadenfroh lachen kann, verringert den Schmerz. "Hurtig bauten die Akteure das Bühnenbild um, verhöhnten auf diese Weise sich und das Publikum: Ist doch alles nicht ernst gemeint, ist nur Blödsinn! Aber das hieß natürlich auch: Ihr da unten spielt mit und seid keinen Deut besser."[36] Diese Dialektik von kritischem Aufzeigen und ästhetischer Kompensation dürfte jeder Kunst in gewissem Maß anhaften. Dennoch ist zu fragen, ob mit der Distanz, die das kabarettistische Theater setzt, das keine Fabel mehr zu bieten hat und sich nur noch ihrer Form bedient, diese Dialektik nicht über Gebühr nach einer Seite aufgelöst wird. Der vergleichende Blick auf Lu Xun, kann zumindest die Frage aufwerfen, ob Heins Stück nicht doch zu wenig auf mitleidende Identifikation und zu stark auf witzige Distanz setzt (was natürlich auch der Komik schadet). Lu Xun schreibt über seine Erzählung: "Gogol made his actors speak directly to the audience in *The Government Inspector*: 'Laugh at yourselves!' [...] My method is to make the reader unable to attribute Ah Q-ism to any particular individual besides himself, so that he cannot easily excuse himself and become merely an onlooker."[37]

Wenn Hein die Lebensgeschichte derer, die zwischen Hund und Wolf vegetieren, zum komisch dialogisierten Zitatenschatz erstarrt, so muß das auch inhaltliche Konsequenzen haben. Lu Xuns nicht minder komische Erzählung zielt bei allem grotesken Witz auf die Aufdeckung von Zusammenhängen, die die große Lethargie ergründen können, die die gezeichnete Gesellschaft gefangen hält. Ja, es sind gerade die grotesken und paradoxen Momente der Erzählung, die dem Leser ein hohes Maß an identifizierender Anteilnahme abverlangen. Auch für den heutigen Leser gilt, daß er die Geschichte des Ah Q kaum rezipieren kann, ohne den Ah Q-ismus auch in sich selbst und in seiner Zeit entdecken zu müssen. In dem Sinn ist die Erzählung parabolisch und offen zugleich, offen vor allem für den Widerstand, den der Leser mit Ah Q und über ihn hinaus gegen die geschilderte Welt entwickeln kann. Heins Transposition der Lethargie der

35 Erich Loest, *Zwiebelmuster* (Hamburg: Hoffmann und Campe, 1985), S. 207f.

36 Ebd., S. 207.

37 Zitiert nach Huang Sung K'Ang, S. 64.

chinesischen Landarmut auf die postrevolutionäre Lähmung der europäischen Intelligenz dagegen verzichtet darauf, kausale Zusammenhänge zu entwickeln, und begnügt sich mit der witzigen Bloßstellung von grotesken Symptomen, die einen abgeschlossenen, toten Zustand signalisieren. Läßt sich das Drama formal als szenische Öffnung eines modernen Mythos für aktuelle Gegebenheiten beschreiben, so erweist sich seine inhaltliche Perspektive doch als weit geschlossener und einsilbiger als die des Originals. Das Stück kann das bloße Dazwischen nicht anders begreifen, als seine Helden, nämlich aus der Perspektive des fingerzeigenden Klagegesangs über den Verlust des Eindeutigen, der großen Wahrheiten und Begriffe — die Perspektive des resignierenden Revolutionsphilosophen Wang. Die Aussage dieses einstelligen Denkens ist nicht nur unbeweglich in dem Sinn, daß sich der dargestellte Intellekt zur Bestätigung seiner aporetischen Resignation mit dem Erreichen der nächstliegenden Paradoxien begnügt, sie ist auch nicht gerade neu. Daß die Revolution anders kommt, als die Philosophie sich erträumt hat, daß die Revolution ihre Philosophen verrät und niemanden befreit, außer die, die es zur Macht drängt, wer wüßte das nicht. Hein scheint sich der Geschlossenheit seines Dramas bewußt zu sein, wenn er sagt: "Da ist der Gegenspieler eine für die Figuren nicht mehr erfaßbare Zeit."[38] Dieser Satz gilt nicht nur für die Figuren, sondern für die Poetik des Stücks überhaupt. "Wir werden zur Grube fahren, und die Welt wird um nichts besser sein. AH Q Uns ist sie dann los. Ist das nichts? WANG Du hast recht, Ah Q In unserer letzten, schweren Stunde bleibt uns dieser Trost" (AHQ, 121). Hier ist parodistisch im Stück selbst sein mögliches Anliegen und seine Grenze gefaßt: seine Befreiung von den Techniken der Philosophie, den Sackgassen intellektueller Paradoxien. Vielleicht gilt eben darum von dieser Kunst, was Ah Q resignierend auf ihrem Gebiet vorführt: "Ich möchte Ihnen etwas sagen. Ein überwältigendes Gefühl mitteilen. Einen Satz, der alles sagt. — Fast alles. [...] Wie ein Schrei. Wie eine Naturkatastrophe. *Geht an die Bühnenrampe:* Menschen, oh Menschen — *Geht zurück.* Ich habe keine Botschaft für sie. [...] Es ist doch schon alles gesagt" (AHQ, 106f.). Ein Satz, der die Poetik des Stücks in nuce faßt. Es ist alles gesagt, und das Stück findet keine andere Aufgabe als seine Helden, das Gesagte in den Aporien seines intellektuellen Witzes zu repetieren. "Man lärmt. Worte, Worte" (AHQ, 123).

38 *Theater der Zeit* 1983: 56.

Flowers of the Prairie: Literature and Society Among the Rural Pioneer Texas-Germans

THEODORE GISH

University of Houston

As the largest immigrant group from Europe, Germans participated significantly in the development of Texas during the settlement years of the state, roughly the decades from 1830-1860. The unique *Adelsverein* colonization of Texas, taking place during the decade around the middle of the nineteenth century at the time when Texas joined the Union, encouraged many thousands of Germans to immigrate to Texas during a relatively short period of time. The earliest German settlements of the state, however, dating from the Republican period of the 1830s, were established in the rich bottom land of the Colorado River and its tributaries, some one hundred miles northwest of Houston. In 1831, Friedrich Ernst from Oldenburg founded in this region the first German settlement of the state, "Industry," on a grant of land in Stephen F. Austin's colony. In the next thirty years, several dozen German farm communities developed in this eastern region of the state.

Because of the *Adelsverein* settlement of Texas, the area of San Antonio and the adjacent Hill Country became the demographic center of the German impact on the state. For this reason, accounts of the cultural life of the Texas-Germans have neglected somewhat the eastern German settlements. They too had an active, if more rural, pioneer cultural life. One of the state's most unique pioneer cultural "communities," in fact, was defined by the social interrelationship and the literary activities of two families, the Willrichs and the Rombergs, who settled in this eastern region.

The Willrich family from Uelzen, near Lüneburg, immigrated to Texas, in piecemeal fashion, beginning in 1847. The catalyst for the family's immigration was the decision of one of the sons, Georg Wilhelm, to go to America in order to escape imprisonment for his political activities at Göttingen. Georg Wilhelm's father, a judge in Uelzen, accompanied his son to Hamburg, in order to bid him farewell. There they were joined, however, by a second son, Carl, a sailor, who had just returned from a long voyage to China. After some deliberation, these three male Willrichs decided to immigrate together to America. The father sent word to his surprised wife, Elise, that she should join him and the brothers with the remaining five children the following year, after she disposed of their household.[1]

The Willrichs homesteaded an area, which they named Mt. Elisa, on the bluff overlooking the Colorado River, a few miles from the frontier community of La Grange. They built a large *Fachwerk* house which had, for that time, an unusually spacious room or *Saal* where traveling players performed and where the family held dances. Meetings of the unique pioneer literary society, the *Prairieblume* (which will be discussed subsequently), were also held in the *Saal*. Because of the intellectual calibre of the Willrich family as well as that of some of the other neighboring German settlers, the area of Mt. Elisa became known as a Latin settlement.

In 1848, Georg Wilhelm returned to Germany, ostensibly to complete his studies at Göttingen, but also to participate in the revolution. A family memoir states that "on landing [he] found [the revolution] practically over. He wrote a number of articles on the matter, was apprehended and confined in prison from which after a confinement of six months he escaped. He was compelled to conceal himself in the house of a friend in Hamburg and remained secreted there for a year before he made his final escape."[2] In a brief account of Georg Wilhelm, written in 1930, his son added the contention that the father, "while in prison . . . occupied his time playing the violin and acquired considerable proficiency as a musician."[3]

Curiously, Georg Wilhelm's son does not mention that his father also wrote a novel, while in prison. In the dedication itself of *Erinnerungen aus Texas* (dated 1853, with the novel being published in 1854) Willrich states that he wrote the work while in prison and completed it before he was released. Willrich returned to Texas in 1853, and in 1858 was made a professor of languages (and also an instructor of gymnastics) at the Texas Military Institute, a school which once existed in Rutersville, not far from Mt. Elisa. A few years later, Willrich became a member of the faculty at Baylor College. There he met his future wife, Liane de Lassaulx, a Baylor French instructor whose family had immigrated from Koblenz in 1856 and had settled near the Willrich family where Liane became friends with some

---

1 Unless otherwise stated, the biographical information on Georg Wilhelm Willrich has been provided by family papers maintained by the Willrich Family Foundation, Houston, Texas.

2 Obituary (typed, unsigned, n.d.) Georg Wilhelm Willrich Papers. Barker Texas History Center, University of Texas, Austin.

3 Georg Willrich, "George W. Willrich and Liane de Lassaulx," *Baylor Monthly* October 1930: 6.

of the younger children. The couple married in 1860, the above-mentioned son was born in the spring of the following year, but a few weeks later, Georg Wilhelm was dead of typhoid fever, at the age of 37.

Erinnerungen aus Texas: Wahrheit und Dichtung, as its title suggests, leans heavily on the tradition of popular fiction. Employing the technique of a frame, the work tells of the lives of two young German couples before and after they have immigrated to Texas. In particular it focuses on the life of Hermann who leaves his fiancée, Bertha, in Hamburg to seek his fortune in America. In the tradition of the gothic tale, in Hermann's absence, an evil priest whom Bertha's family has befriended engages in various acts of murder and seduction, very nearly seducing Bertha herself. When Hermann returns to Germany to marry and then to travel back with his wife to America, the priest falsifies Hermann's correspondence, causing him to be imprisoned for treason. The priest is eventually found out, but he disappears before he can be brought to justice. Hermann and Bertha now sail to Texas together with another couple. Since they wish to avoid any contact with the priest who may also have fled to the United States, Hermann changes his last name to Winter and his friend becomes Blond. In Texas, the two families jointly operate a successful ranch. The German narrator of the novel, a newcomer to Texas, is invited to visit the ranch after he meets Blond while hunting. During the visit, German-Americans from Pennsylvania arrive, on their way to a nearby Methodist camp meeting. Blond, Winter and the narrator accompany the Pennsylvania-Germans to the camp meeting, where they are startled to see the priest now posing as a Methodist circuit rider. Recognizing Blond and Winter, the priest, once again, runs away. But later, in the company of desperados, he attacks Hermann's ranch and is killed in a gunfight. The novel concludes with the narrator deciding to return to Germany.

If the above brief account describes the "Dichtung" aspects of the novel, the didactic, philosophical and "German" content of the work suggests what the author, no doubt, believed to be its "Wahrheit." In the conversations that the narrator has with the two couples, but primarily with Blond, Willrich airs his views on Indians, Mexicans, Blacks and women. Blond is firmly convinced that Indians are treacherous, inferior creatures who should be exterminated if they stand in the way of white man's civilization. Blond sees this view of American "Manifest Destiny" particularly applicable to emigrant Germans for whom inadequate living conditions in Germany prevail. In one of the best narrative sections of the book, Willrich illustrates the treachery of Indians by describing the actual scalping near Austin in 1845 of Friedrich von Wrede and Oscar Claren, two officers of the

Adelsverein. In this account, Blond also makes it clear that he does not think that Mexicans, whom he calls "ein verrufenes Subjekt,"[4] are much better than Indians, and in their brief appearance in the novel, the author depicts Mexicans only in league with murderous Indians.

Blond envisions a highly fanciful solution for the problems of slavery. While he believes that slavery is an injustice, Blond feels that many slaves live in better circumstances than white factory workers in America. He also believes that a "gradual" ("allmählich") and "rational" ("vernünftig")[5] emancipation is the only way to avoid chaos and violence. For this reason, he and Winter have established a unique model "emancipation colony" on their ranch. The slaves in the colony gradually earn their freedom, by achieving various levels of production and by their service to the colony. In addition to their vocational training, the slaves also receive a general academic education. A slave's progress through the various levels of achievement is rewarded by additional privileges and is even indicated by different colored sashes, worn by the slaves. The colony handles its rare disciplinary problems with the removal of privileges, and only in an extreme case would it resort to corporal punishment. The slave successfully completing the program has been trained to be a useful farm worker or manual laborer and, more importantly, is totally free. Blond and Winter envision part of the profits from the production of the colony being used to establish new colonies. They also hope that their colony can be a model for emancipation on a national level.

Willrich's views on women's emancipation are presented primarily by Winter. Winter feels that men and women differ mentally, physically and temperamentally. Winter thinks, consequently, that the desire of emancipated American women to become just like men has led only to frustration and discord. Where Blond suggests a "gradual" emancipation for slaves, Winter urges a "modified" ("gemäßigt")[6] emancipation for women. He feels that the traditional education of women in the arts has led only to frivolous behavior (e.g. the *Kaffeeklatsch*) and a breakdown of communication between husband and wife. Consequently, Winter proposes a new sort of education for women involving history, natural sciences, geography, mathematics, and physical education. Women so educated would lead more productive lives and they would live in greater harmony with their husbands. Such women would also be better prepared to act politically, even if Winter, not conceding them suffrage, believes that they should

---

4 Georg Willrich, *Erinnerungen aus Texas* (Leipzig: Kollmann, 1854) 1: 75.

5 Willrich 3: 79.

6 Willrich 2: 40.

exercise their political desires through their husbands and their male children.

Willrich's Germanophilia represents the concluding part of the novel's "Wahrheit." Non-German people and institutions play a very small role in *Erinnerungen aus Texas*, while Germans and German institutions appear generally in an overtly positive light. Blond and his wife represent the ideal Germans for Willrich. When the narrator chances upon Blond while both of them are out hunting panthers, Blond's teutonic bearing and also his skill as a hunter immediately reveal to the narrator that Blond is a German. The author's subsequent extensive description of Blond, from the "üppige Locken eines fast goldgelben glänzenden Haares," "das männliche Festigkeit verrathende Kinn," the "Anflug von Bronzefarbe" in his face to his entire body which is provided "mit dem seltenen, glücklichen Ebenmasse, das Kraft und Behendigkeit in gleich hohem Grade in sich vereint"[7] provides a luxurious and stereotypical description of the ideal German male. Blond's wife, children and frontier home, down to the furnishings and a pair of homeland dogs, are similarly depicted with a variety of positive behaviorial and physical "German" attributes. The priest is a German too, but he is also the stock gothic villain of nineteenth century literature. In this connection, the author seems to suggest that the priest's residence in England for many years and his ability to speak English like a native also bespeak an acculturation which is at least partially responsible for his evil doing. The Pennsylvania-Germans are presented in a somewhat ambivalent fashion because of their involvement with the Methodists (whose religious excesses Winter severely criticizes, just as Hermann/Blond earlier criticizes the priest's Catholicism). Like the priest, they too seem to represent for Willrich negative examples of acculturation. This concern for acculturation, incidentally, explains why Willrich's Germans, like the characters in so much Texas-German fiction, live isolated from the dominant Anglo residents in Texas and why the narrator of *Erinnerungen aus Texas* even returns to Germany at the conclusion of the novel.

From the standpoint of plot and character treatment, *Erinnerungen aus Texas* lies well within the tradition of the nineteenth century "Trivialroman." But in terms of the relationship between "literature" and "society," it is an historically valuable and, yet unfortunately, also puzzling work. Very little information exists about Willrich's life and the composition of his novel. Even though the work was written while the author was in Germany, it is clearly an immigrant novel. As such it is a more representa-

[7] Willrich 1: 30.

tive example of a Texas "forty-eighter" literature than the work usually cited in this regard, August Siemering's *Ein verfehltes Leben* (1876) which deals with the sole theme of the Texas-German's involvement in the Civil War. The detailed and successfully handled description of Hermann's (Winter's) arrest, arraignment and imprisonment in Hamburg — trumped up by the priest — reflects an autobiographical reality that was, frequently, part of the "forty-eighter's" experience. The negative portrayal of Catholicism and American evangelical religious fervor are also characteristic of the "forty-eighter's" thinking.

The modern reader, on the other hand, may be surprised at Willrich's views concerning Indians, Mexicans and women's emancipation. Willrich's attitude toward Indians, however, reflects the attitude of the majority of the Texas settlers at that time. Even though by 1847 Mt. Elisa itself was beyond the range of marauding Indians, the western frontier of Texas, mostly populated by Germans in and around Fredericksburg, was the focal point of still severe Indian attacks. Willrich's account of the actual scalping of the *Adelsverein* officers, von Wrede and Claren, suggests the common knowledge among the German settlers of particular Indian depredations against Germans. Much the same can be said concerning Willrich's negative attitude towards Mexicans. This too reflected common feelings in a region which had just completed two wars with Mexico in a short period of time and with whom a state of peace had not yet been achieved. Willrich's brother Carl, in fact, was serving in the American army where his unit was engaged in border skirmishes with Mexican troops at the time of the author's departure for Germany. Local feelings against Mexico had also, no doubt, been rekindled by the fact that shortly after the Willrichs began to build their home at Mt. Elisa, the remains of the dead from two famous events in the Texas War of Independence (the Mier Expedition and the Salado Creek massacre) were interred in a common grave on a piece of land originally owned by the Willrichs. Many of the interred, in fact, had come from La Grange itself.

Willrich's views on women's emancipation must strike the modern reader as sexist although at the time of the novel's writing such ideas would have been regarded, in some quarters at least, as progressive, if not liberal. The author's detailed plan for the gradual emancipation of Blacks is ingenious, if also thoroughly fanciful. As far as is known, Willrich's plan is also not modeled on a plan found in any other emancipation writing. The only other German-American novel treating the question of emancipation in Texas, incidentally, was written by the "forty-eighter" immigrant to Wisconsin, Mathilde Anneke. Anneke called her work *Uhland in Texas*, although she had never visited Texas.[8] There is an actual farming community near Austin called "Uhland" but in Anneke's work it becomes the name of a plantation so called because of the immigrant owner's friendship with the Swabian poet, when they were both students in Germany. Like Willrich, Anneke wrote her novel in Europe, in her case, while she was in Switzerland during the Civil War.

The Willrich family did keep slaves, but not successfully or even willingly as the following remarks by Willrich's mother in a letter of April 1848 to her father in Germany makes clear:

> Wir haben unsere Sklaven verkauft, weil sie uns fortgelaufen waren. Im Allgemeinen heisst es: Deutsche wüssten keine Neger zu behandeln. Sie sind zu gut gegen sie, und nun gar W.! Dieses schwarze Volk soll häufig gepeitscht werden müssen, das ist uns beiden entgegen. Wir haben jetzt eine gemietete Negerin. . . .[9]

This particular incident doubtlessly reflects family attitudes concerning slavery which Willrich expounded in his novel. The expression of alienation from the Anglo community in the mother's remarks may also suggest some of the reasons for Willrich's Germanophilia and the "hermetic" existence of the Germans in the novel.

Willrich and the poet, Johannes Romberg, are the only Texas-German writers whose works were published in Germany.[10] But while Willrich's novel seems to be an isolated experience in his life, the writing of poetry was a lifelong and, to an extent, social activity for Romberg. Romberg immigrated from Mecklenburg with his large family to Texas a few months after the arrival of the Willrich family.[11] Because of an eye weakness which he had acquired as a result of a bout with measles in his childhood, Romberg, the son of a pastor, could not undertake a university education. Consequently, he became a merchant and eventually married the daughter of the man under whom he had served as an apprentice. In 1847, the Rombergs decided to immigrate to Texas, presumably and, at least partly, for the traditional political reasons. They bought land in the vicinity of the German settlement Cat Spring (originally *Katzenquelle*) and began their

---

8 Reprinted in Mathilde F. Anneke, *Die gebrochenen Ketten: Erzählungen, Reportagen und Reden (1861-1873)*, ed. Maria Wagner (Stuttgart: Heinz, 1983).

9 Elise Kukuk Willrich, letter to Georg Ludwig Kukuk, 18 April 1848, Willrich Family Foundation, Houston, Texas.

10 Johannes Romberg, *Gedichte* (Dresden: Pierson, 1900).

11 For biographical information on the Romberg family and the *Prairieblume* society, see Annie Romberg, *History of the Romberg Family*, N. p.: n.p., n.d. Johannes Romberg Papers. Barker Texas History Center, University of Texas, Austin.

lives as American settlers. Cat Spring was the second German settlement in Texas (established in 1834) and is situated some 20 miles from the site of the Willrich homestead.

Cat Spring was also the home of the reknowned pioneer German cultural figure, Adolphus Fuchs. The Fuchs family immigrated a year earlier, also from Mecklenburg, where Fuchs had been a pastor. Like Georg Willrich, Fuchs also was a typical forty-eighter. He had studied at Jena and Göttingen and had an excellent command of English as well as of other modern and classical languages. Fuch's resignation sermon, which was published in Germany, criticized at length the political conditions in his homeland which had forced him and his family to immigrate. Fuchs was also an accomplished musician and he wrote poems and set them to music, along with the poetry of Goethe and Schiller. He also provided the music for some of Hoffmann von Fallersleben's *Texanische Lieder* which von Fallersleben had written as a farewell tribute to Pastor Fuchs. Like Georg Willrich and Willrich's wife, Fuchs also taught at Baylor College during the early 1850s.[12]

It is not surprising that the two Mecklenburg families would become close. Several years later, in fact, two Romberg daughters married Fuchs sons. After the Rombergs had farmed in Cat Spring for six years, fearing the threat of malaria, they moved to the area of Black Jack Springs, only a few miles from the Willrich's farmstead at Mt. Elisa. At Black Jack Springs, the Rombergs established a family settlement. Romberg's mother-in-law had joined them in Cat Spring with her daughter and two sons and they made the move as well. Romberg's children began to marry and live in the settlement while other relatives and friends from Mecklenburg lived not far away.

Romberg continued to live in Black Jack Springs until his death in 1892. He was a conventional immigrant poet. Romberg wrote occasional verse, a great deal of philosophical and nature poetry and a few poems about German political and cultural topics. Most of his nature poetry treats the topic in a generalized, commonplace "Romantic" fashion without attempting to deal (as did other pioneer Texas-German poets such as Fritz Goldbeck and Hermann Seele) with the specific natural world of Texas. In addition to his poetry, Romberg wrote five longer narrative poems, two short dramas (one of them based on the Rübezahl legend), a humorous short story in dialect and some philosophical essays.

---

12 For biographical information on the Fuchs family see Ottilie Fuchs Goeth, *Memoirs of a Texas Pioneer Grandmother (Was Grossmutter Erzählt)*, trans. and ed. Irma Goeth Guenther (Burnet, Texas: Eakin, 1982).

In 1857, two of the young Rombergs, Louise and Johannes, along with two Willrich siblings, Julius and Anna, and the young members of several neighboring families organized a unique literary society which they called the *Prairieblume*. Liane de Lassaulx, the future wife of George Willrich, was also a member of the society, along with her brother. Surprisingly, there is no evidence that Georg himself had any involvement with the society. By 1857, he may have been living some distance from home, since his scant biography indicates that in 1858 he was teaching at the Texas Military Academy in Rutersville several miles away from Mt. Elisa.

Each member of the *Prairieblume* wrote about a previously assigned topic and once a month, at a Sunday gathering at one of the member's homes, the results were read in an anonymous fashion and were criticized by the group. Johannes Romberg advised and encouraged the aspiring writers. He also provided them with the following poetic motto:

Blümlein
Zart und klein,
Wünsch dir gutes Wetter,
Mögst gedeih'n
Auf texanischer Prärie
Prosa deuten deine Blätter
Deine Blüten Poesie.[13]

In the late 1930s, the Romberg family historian and granddaughter of Johannes, Annie Romberg, chanced upon some sixteen manuscript sheets representing four "issues" or meetings of the *Prairieblume*. They were found together with other manuscripts of her grandfather, wrapped in an 1861 copy of the *New Yorker Staatszeitung*. This document is preserved in the Barker History Center at the University of Texas, along with a typescript by Annie. The collection consists of 42 prose items (varying from one to five pages in length), 18 prose proverbs, two short dramatic fragments, and 55 single and multiple verse poems. Pencil notations indicate Johannes Romberg as the author of approximately one-third of the poems, and he also wrote one of the two dramatic fragments.

With few exceptions, the poetic contributions of the young members are, understandably, little more than extended *Stammbuch* verses. There is one rather successful humorous poem, "Der dicke Herr und die magere Frau," but it may be an unacknowledged poem of Romberg. A few of the prose exercises do show some amount of literary skill, either in structure and concept or in adept use of language. Much in the spirit of Eichendorff's "Taugenichts," for example, one of the stories, "Ein Conzert in Brazosbot-

[13] Romberg IX.

tom," tells of the adventures of a young man who plays his flute to groups of admiring Americans while he journeys by foot to Houston. There are also prose passages where the writers express themselves with a descriptive skill approaching that of literature. One of these occurs, for example, in a fictitious letter back home where a female member expresses herself thus:

> Im ganzen ist unser gesellschaftliches Leben hier ein recht angenehmes, sind auch die Wochentage, Arbeitstage, um so mehr Reiz hat der Sonntag und wenn der Himmel kein trübes Gesicht macht, denn die Erde kleidet sich mag es Sommer oder Winter sein meist in das Grün der Hoffnung, und lässt es uns oder die Freundinnen nicht Ruhe im Hause, dann werden die Pferde aus der Prairie geholt, gesattelt und fort gehts nach einer anderen Farm oder wir horchen sehnsüchtig auf den Hufschlag der Pferde welcher uns den Besuch zu führt. Dann wird gespielt, gelacht, getanzt bis zu unserem Leidwesen die Stunde immer zu früh schlägt das wir uns trennen müssen; auch haben wir im Frühjahr Fischpartien Picnics im Freien, Mond und Stern sind dann des Abends unsere Kronleuchter und sollten sie uns zu matt scheinen, so wird durch ein grosses Feuer von Cedernholz auf geschichtet, nach geholfen, das Gras der Prairie ist der Tanzplatz und Polka, Ländler und Walser, werden auf Kosten der Schuhsohlen gewiss mit eben solcher Leidenschaft getanzt als in den getäfellten Sälen der Hotels.[14]

As this example suggests, the real value of these prose works is also their sociological content. Many of the prose sketches similarly describe events out-of-doors: short trips on foot or on horseback, the hunting of ducks, deer, and even bears, and various types of social activities, especially humorous situations. There is also attention in these descriptions to landscape and climate details. A more serious subject brought up repeatedly in these writings is the comparison of social and political conditions in Europe and Texas. The lines of one of the poems: "Auch das ich hier eine Stimme hab' / Die in Deutschland nichts zu sagen hat" and "Traurigkeit ist hier entflogen / Darum bin ich auch nach Amerika gezogen"[15] sum up, if artlessly, the views of these young people. These writings provide, finally, a valuable linguistic record. Even though spelling, punctuation, and grammar are occasionally incorrect, both sentence structure and vocabulary suggest a good, if rural education. Reflecting their cultivated upbringing, a number of the writers use French words such as *frappant*, *fontaine*, *revanche*, and *revier*. The writings also contain English words such as *bottom*, *creek*, *farm*, *mud* (with German spelling, following the presumed pronunciation

---

14 *Prairieblume* (typed, ed. Annie Romberg) 205-06. Johannes Romberg Papers. Barker Texas History Center, University of Texas, Austin.

15 *Prairieblume* 82.

[Mut]), *opossum*, *pen*, *Reifel*, *teamster* which eventually become the staple of the English loan words of Texas German.

The writings of the *Prairieblume*, consequently, provide a unique source of information about the daily lives of these young settlers in the area of La Grange in central Texas, not only what they did, particularly in their leisure hours, but how they perceived themselves, the world of pioneer Texas around them and the homeland which they and their friends had left. These short sketches and poems, of course, were born out of very different circumstances than those which led Georg Willrich to the writing of his novel. Yet in a complementary sense, these writings are also valid "Erinnerungen aus Texas," providing not Willrich's elaborate ideological mindscape but a "here and now" account of the young settler's actual life in the new land.

With the beginning of the Civil War, the activities of the *Prairieblume* declined and eventually the organization ceased to exist. Two of the sons of Johannes Romberg and one of the other male members of the *Prairieblume*, Carl Perlitz, escaped the Confederacy by spending the war years in Mexico, South America, and finally in California. A few weeks after the outbreak of the Civil War, Georg Willrich died some 80 miles north at Baylor College. His wife, Liane, one of the members of the *Prairieblume* however, brought up her son, also named George, while resuming her teaching at Baylor. She later remarried and died in La Grange at the age of 88 in 1922. Johannes Romberg continued to write poetry himself until his death in 1891 at 83. In the 1890s some of the Rombergs who had participated in the *Prairieblume* society instituted for their own youngsters a literary society, which they called "The Opposum," since the activities of this group died down in the winter and began again in the following summer. The participants of this society, however, did not engage in writing, but rather recited poetry, acted out dialogues, sang or performed in a debate. "The Opposum" lasted a little over a decade until the young people began to leave and the Romberg community itself began to disintegrate. The community around Mt. Elisa suffered a similar fate. The old Willrich home with its *Saal*, once the abode of so much pioneer cultural life, was eventually denigrated to usage by non-Willrichs as a barn. There is, however, a happy ending of sorts. Other non-Willrichs, sensitive to the history, bought the barn a few years ago and are painstakingly restoring the old home, timber by timber and stone by stone, to its former condition. In the spring of 1985, the Willrich Family organization had a family reunion at the site of the restoration. Several hundred Willrich descendants from as far away as the Midwest gathered at their Saturday picnic under a large live oak which shaded Mt. Elisa's partiallyrestored *Saal*. One of the descendants also brought a copy of *Erinnerungen aus Texas* to this gathering. At a future reunion, family members hope to reenact a meeting of the *Prairieblume*, by reading selections in German, with accompanying English translations. So, at least in this latter-day "community" of descendant family interests, some of the cultural life of Mt. Elisa and Black Jack Springs is able to live on.

Identity and Difference: On Comparative Studies within a Single Language[1]

REINHOLD GRIMM

University of Wisconsin-Madison

"Am lehrreichsten ist der Vergleich."
(Bertolt Brecht)

"What isn't Comparative Literature?" Thus spake a worthy MLA moderator. Indeed, what isn't comparative *tout court*, I'd like to submit, and especially in the literary and linguistic realms? For any such question must needs sound blatantly rhetorical to a man who, as a native of Germany living and teaching in the United States, cannot but think, talk, write, and even scold and dream, in at least two languages, plus the local Frankonian dialect of his youth as spoken on the western — not, mind you, the eastern or southern — outskirts of the twin cities of Nuremberg and Fürth, with a liberal admixture of Yiddish words and some Czech, Italian, and further outlandish vocables to boot. (Its accents, by the way, are not too far removed from those I can still discern in Henry Kissinger's American English, and which make his speech strangely familiar to me, if only dialectologically.) Many a model is necessary, as that other fellow Bavarian of mine, Bertolt Brecht, observed; but the most useful, most enlightening approach, he claimed, is the one by means of comparison.[2] And wasn't the

---

1 Position paper, portions of which were read and discussed, at the 1985 Annual Conference of the Modern Language Association of America in Chicago, as part of a panel on the topic, "What Isn't Comparative Literature?" The other panelists were Jonathan Culler (Cornell University), Sarah Lawall (University of Massachusetts-Amherst), and Mary Louise Pratt (Stanford University), with Paul Hernadi (University of California at Santa Barbara) presiding and moderating. A brief summary has appeared, under the same title, in the journal *Profession* (1986), pp. 28-29.

2 Cf. Bertolt Brecht, *Gesammelte Werke in 20 Bänden* (Frankfurt: Suhrkamp, 1967), 19: 361: "Nötig sind viele Vorbilder; am lehrreichsten ist der Vergleich" (from his "Notizen über realistische Schreibweise" of 1940).

term "world literature" coined precisely by a German? National literatures do not matter much nowadays, Goethe confided to Eckermann; what was at hand, he felt as early as 1827, was the epoch of *Weltliteratur*.[3]

Of course, that which I am going to do, or try to do, could be done on the basis of Spanish or Portuguese, English or French also. Identity and difference — hence, the need and importance of being compared — arise from French and English letters as produced on both sides of the Atlantic no less than from the literatures of Spain and Portugal and their Spanish-American and Luso-Brazilian counterparts. In fact, the former two, and French letters in particular, can be said to present even more complicated cases. Not only does French literature originate in France (or Paris, for that matter) as well as in the Province of Québec and in certain Antillean islands, but it stems likewise from the French-speaking region of Switzerland (the so-called *Suisse Romande*, with its main Cantons of Vaud and the Valais) and from Belgium, whether created by her native speakers of French, the Walloons, or by Flemish authors merely writing in French, such as De Coster and Maeterlinck, Rodenbach and Verhaeren. Nor is it just American literature, either, which is so conspicuously separated from British letters by the same language; similar observations could be made, I trust, with regard to the English literatures of Canada, Australia, and the West Indies, among others (for let us not forget the already sizable anglophone — and, naturally, francophone — literatures deriving from various African countries). The reasons why I have nevertheless chosen Goethe's and Brecht's language and literary achievements are simple enough: First and foremost, German is my native tongue, and German literature, my major area of scholarly interests and pursuits; second, this German connection, or disconnection, seems to be the least known of comparable instances in the Western tradition, although it may well turn out to be the most complex one, too.

However, is it permissible, in effect, to continue to use the expression "German literature" (*deutsche Literatur*)? Must we not speak of a "germanophone literature" (*deutschsprachige Literatur*) instead? Granted, the czar of present-day German criticism and would-be preceptor of contemporary German letters, Marcel Reich-Ranicki, recently told an American interviewer that the division of Germany into two separate states has brought forth — "surprisingly," as he put it — neither two distinct

3 Cf. *Goethes Gespräche mit Eckermann* (Berlin: Aufbau, 1955), p. 278: "Nationalliteratur will jetzt nicht viel sagen, die Epoche der Weltliteratur ist an der Zeit, und jeder muß jetzt dazu wirken, diese Epoche zu beschleunigen." The entry dates from 31 January 1827.

languages nor two distinguishable literatures.[4] But while the fear lurking in the former contention (even though there obtain identifiable linguistic peculiarities on either side of the Iron Curtain) is almost absurd, assertions such as the latter (despite the fact that a lively interchange is going on across the German-German border) are scarcely more tenable. The Swiss author and critic, Hugo Loetscher, betrayed a much sounder and soberer insight when he declared 1982, also addressing an American audience:

> Because [the expression 'German literature'] has a double meaning, [its usage] leads to confusion: it stands both for literature written in German, and for the literature written in Germany. We will do more justice to reality if we say: there is a German . . . literature which is composed in different countries, in the Federal Republic of Germany, in the German Democratic Republic, in Austria[,] and . . . in Switzerland.[5]

I couldn't agree more. Truly, what we are faced with in dealing with the German-speaking community is a cluster of at least four different germanophone literatures, and every single one of them invites, indeed compels, us to engage in all kind of comparative studies.

I don't have to belabor here the emergence of an independent literature of the GDR as opposed to its equally independent equivalent in the FRG. In America, at any rate, the study of East-German letters has developed virtually into a field of its own, as witness the numerous courses and seminars, whole sessions and even symposia that have been devoted to them; not to mention the scores of pertinent publications, be they articles or books. Yet the mutual interdependence, so crassly absolutized by Reich-Ranicki, does persist, and keeps manifesting itself all the same, the very titles of representative works of fiction from East and West Germany pointing to it, however contradictorily. (I am thinking, for example, of *Der geteilte Himmel* by Christa Wolf or of the late Uwe Johnson's *Zwei Ansichten.*) As to Austria, the battle for her literary autonomy, and the strife for its satisfactory definition, have been raging now for decades, which is all the more astonishing since a keen awareness thereof began to surface as early as the 1780s, during the short-lived Austrian Enlightenment under the reign of Emperor Joseph II.[6] And once again, the titles alone — of critical

---

[4] See James M. Markham's interview with Marcel Reich-Ranicki as reported in *Kulturchronik: Nachrichten und Berichte aus der Bundesrepublik Deutschland* (1985), Nr. 2, p. 2.

[5] Hugo Loetscher, *How Many Languages Does Man Need?* Ed. by Tamara S. Evans (New York: Graduate School and University Center, 1982), p. 41.

[6] Cf. Leslie Bodi, *Tauwetter in Wien: Zur Prosa der österreichischen Aufklärung 1781-1795* (Frankfurt: Fischer, 1977), p. 20: "Gibt es eine eigenständige österreichische Literatur, und wie ist ihr Verhältnis zur gesamten

contributions, it should be noted, that hail from all over the world — are revealing. To list but a few:

Il mito absburgico nella letteratura austriaca moderna 1963;[7]

"Österreichische Literatur — eine Gefangene des habsburgischen Mythos?" 1969;[8]

The Austrian Mind 1972;[9]

Modern Austrian Writing 1980;[10]

Das Problem Österreich / The Austrian Problem 1982;[11]

"What Is Austrian Literature?" 1982.[12]

The author of the last-named essay, the American Egon Schwarz, who is himself an Austrian by birth, frankly avowed that the problem raised by him is "too complex to admit of an absolutely satisfying solution."[13] But he also stated in no uncertain terms: "Clearly, language is a unifying and dividing agent at one and the same time."[14] "Yes," Schwarz concluded in spite of his qualms and reservations, "there is an Austrian literature because there is an Austrian historical reality."[15] Walter Weiss, Schwarz's colleague

---

deutschsprachigen Literatur? Dieses Problem [tritt] in unserer Epoche [*i.e.*, during the period marked above] zuerst ganz deutlich und mit allen seinen Widersprüchen zutage . . ."

7 Claudio Magris, *Il mito absburgico nella letteratura austriaca moderna* (Turin: Einaudi, 1963); also in German translation: *Der habsburgische Mythos in der österreichischen Literatur* (Salzburg, 1966).

8 Walter Weiss, "Österreichische Literatur — eine Gefangene des habsburgischen Mythos?," *DVjs* 43 (1969), 333-345.

9 William M. Johnston, *The Austrian Mind: An Intellectual and Social History 1848-1938* (Berkeley: University of California Press, 1983; first published in 1972).

10 *Modern Austrian Writing: Literature and Society after 1945*. Ed. by Alan Best and Hans Wolfschütz (London: Wolf, 1980).

11 *Das Problem Österreich / The Austrian Problem* [etc.], compiled by Leslie Bodi and Philip Thomson (Clayton [Austr.]: Monash University Press, 1982).

12 Egon Schwarz, "What Is Austrian Literature? The Example of H. C. Artmann and Helmut Qualtinger," in *From Kafka and Dada to Brecht and Beyond* [etc.]. Ed. by Reinhold Grimm [et al.] (Madison: University of WIsconsin Press, 1982), pp. 63-83. Additional bibliographical data are provided by both Schwarz and Weiss (see n. 8 above) in particular. — Recently, a pertinent journal devoted an entire issue to "Questions of Austrian Literature"; cf. *Modern Austrian Literature* 17 (1984) 3/4 (with bibliography).

13 Cf. Schwarz, p. 63.

14 Ibid., p. 72.

15 Ibid., p. 80.

from Salzburg, rejecting both the alleged "myth" and its "counter-myth" as crude and one-sided distortions,[16] had arrived at the selfsame conclusion long since, albeit most cautiously. The German language that Austria and Germany have "more or less in common" (*die mehr oder weniger gemeinsame deutsche Sprache*) does not *a priori* rule out, according to his careful and nearly timid wording, the possibility of an Austrian literature with distinctive and marked traits.[17] To top it off, Leslie Bodi at Monash University, the Hungarian-born Australian who penned the seminal volume on Josephinism referred to above, has lately chimed in from the antipodes, suggesting that, "in many ways," the attitude of Austrian writers towards Germany resembles that of Australian writers towards England or even — which is rather interesting — towards the United States.[18] Whether self-assured or full of doubts, and here quoted or merely cited, all these researchers, natives and non-natives alike of the erstwhile Austro-Hungarian monarchy, indulge in vast comparisons and, therefore, are comparativists of sorts within a single language.

Conversely, on the one hand, yet quite concomitantly, on the other, the professional Serbian comparatist teaching in Innsbruck, Zoran Konstantinovic, propagates the idea of a "Central-European literature" (*mitteleuropäische Literatur*) which appears to coincide, geographically, with a greater, if belated, Danubian empire. This spiritual reconstruction — prompted, however, not by nostalgia although it is shared by many[19] — bears a striking resemblance to what characterizes, as already indicated, the actual literary situation of Switzerland. Several years ago, the latter has been labeled in Hugo Dyserinck's introduction to, indeed theory of, *Komparatistik* as consisting almost exclusively of a combination of "three *littératures secondes*": to wit, a German, a French, and an Italian one.[20] I

16 Cf. Weiss, p. 341.

17 Ibid., p. 334.

18 Cf. Leslie Bodi, "Österreich als Problem — Zur Frage der österreichischen Identität," in *Das Problem Österreich / The Austrian Problem*, pp. 3-12; here, p. 5.

19 Compare, for instance, the Czech Milan Kundera's *Un Occident kidnappé* (Paris, 1983) and the Hungarian György Konrad's *Antipolitik: Mitteleuropäische Meditationen* (Frankfurt: Suhrkamp, 1985); for a discussion, see François Bondy, "Das Phantom Mitteleuropa und die politische Wirklichkeit: Nachdenken über eine gemeinsame Kultur zwischen Ost und West," *Frankfurter Allgemeine Zeitung* of 21 December 1985 (Nr 296, Beilage). — Significantly, none other than Schwarz has now addressed this question, too; see his "Cosa la Mitteleuropa è e non è," *Iniziativa Isontina* (Gorizia [Görz]) 85 (1986), n.p.

20 Cf. Hugo Dyserinck, *Komparatistik: Eine Einführung* (Bonn: Bouvier,

shall return to his French (or, to be more precise, Belgian) concept of secondariness, which I find highly questionable, later on; nonetheless, the Flemish scholar who teaches at the University of Aachen, or Aix-la-Chapelle, is surely right insofar as there exists not only an impressive Swiss literature written in French, in addition to the one in German normally associated with that term,[21] but also, no matter in how embryonic or budding a stage, a Swiss literature written in Italian. (Romansh, the branch of Rhaeto-Romanic acknowledged as the fourth official idiom of the country, and spoken in the Canton of Graubünden, or Grisons, by about 40,000 Ladins — *i.e.* 0.8% of the Swiss populace — does not constitute a "standard or literary" language at all, but is for its part divided into three separate dialects: it has, as a consequence, not been able to generate a written literature, and hardly ever will, as it is on the decline anyway.)[22] *La Suisse Romande*, as is well known, can pride itself on such weighty literary figures as Henri-Frédéric Amiel (1821-1881) and Charles-Ferdinand Ramuz (1878-1947); comprising 20% of the inhabitants of Switzerland, it indisputably occupies the second place in this multicultural confederacy, whereas the Italian-speaking Canton of Ticino, or Tessin, with the little known Francesco Chiesa (1871-1973) as its sole author of note, comprises a mere 5% of the Swiss population and is thus relegated to a very modest position in every respect.[23] For all the importance of French and French letters, however, Swiss-German literature, based on the overwhelming majority of those living between the Rhine and the Rhône, predominates by far; also, it must doubtless be recognized as the oldest of the three literatures forming Dyserinck's allegedly "secondary" triad. Yet its self-awareness — not unlike the one sprouting in Austria, but much more forcefully — began to emerge only during the Age of Enlightenment, with the awakening of a nationalistic consciousness, although, needless to say, the German-speaking Swiss, just like the Austrians, had been writing and publishing for centuries, and most profusely at that. Loetscher[24] actually ventures to date the decisive breakthrough of his literary forbears: namely, as of 1732, the year when Albrecht von Haller's famous poem "Die Alpen" first appeared and immediately exerted its impact. In more general terms,

---

1977), p. 98.

21 The Swiss themselves are in no way excluded; see, for instance, Elsbeth Pulver, "Von der Brauchbarkeit des Unbrauchbaren," in *Welt-Literatur heute: Eine aktuelle Bestandsaufnahme*. Hrsg. von Hanns-Lothar Schütz u. Marlott Linka Fenner (Munich: Deutscher Taschenbuch-Verlag, 1982), pp. 103-120.

22 Cf. Loetscher, pp. 26f.

23 Cf. ibid., p. 28ff.

24 Cf. ibid., p. 32.

Loetscher aptly explains: "German culture [as opposed to the culture of France] was never centralized. Such a decentralization obviously favored both the existence and the development of a distinct Swiss-German cultural area . . ."[25]

Still, the Swiss-Germans cannot claim — their preponderance over their French, Italian, and Ladin compatriots notwithstanding, and in spite of their relative independence of Germany — to have forged "an overall Swiss literary consciousness," let alone a "national literature";[26] in point of fact, their endeavors have constantly been hampered by the dichotomy between their spoken German — that is, the various shades of their Alemannic lumped together under the name of *Schwyzertütsch* — and their written German, which attempts, with very few exceptions, to conform as closely as possible to High German, or *Hochdeutsch*. Inevitably, a Swiss-German author, according to Loetscher, "is bilingual within his own language."[27] All of which would seem to apply, *mutatis mutandis*, to Austria and her writers and letters as well, and not only until the downfall of the motley if venerable Hapsburg monarchy in 1918; indeed, the clearheadedness and firmness with which a Swiss-German literature has asserted itself vis-à-vis its mightly northern neighbor belies and at once affirms the necessity of Austria's latter-day struggle for an autonomy that is so evident, despite its insoluble ties to the German literary main. Ever since the 18th century, both the Swiss and the Austrians have engendered a glorious sequence of classical German authors, extending, on the one hand, from Jeremias Gotthelf, Gottfried Keller, and Conrad Ferdinand Meyer right down to Friedrich Dürrenmatt and Max Frisch — whom, incidentally, I believe to be overdue for the Nobel Prize — and, on the other, from Franz Grillparzer and Johann Nestroy to Hugo von Hofmannsthal, Arthur Schnitzler, Robert Musil, Hermann Broch, and way beyond. (I am, of course, mindful of the towering *oeuvre* of Franz Kafka, to which we'll have to come back anyhow.) The specificities of Swiss and Austrian letters are undeniable, at all events, and will time and again challenge the student of literature comparatively.

But even that is not yet all within our context of German letters — *sit venia verbo* — and their identity and difference. For outside the boundaries of East and West Germany, Austria, and Switzerland, there are further regions where German is being spoken, and German literature, produced. Take, for example, the Tirolean part of what the Italians call Alto Adige (that is to say, Südtirol or South Tirol), as well as the Transylvanian parts of

---

[25] Ibid., p. 31.

[26] Cf. ibid., p. 25.

[27] Cf. ibid., p. 40.

Romania around Klausenburg, or Cluj, and Temeswar (that is to say, Siebenbürgen [for which a proper English term appears to be lacking] and the Banat). They all are inhabited by still fairly large German-speaking minorities, and both the Tiroleans in Northern Italy and, more amazingly yet, the so-called Saxons and Swabians in Western Romania (the *Siebenbürger Sachsen* and *Banater Schwaben*, respectively) have their own German newspapers, journals, and publishing houses or, at the very least, books. Thus — to limit myself to the Balkan — not only straightforward native talents like the recent expatriate from Temeswar, Nikolaus Berwanger, who is a trilingual author writing in German, Romanian, and his local dialect, must be seen against their German-Romanian background, but also, in his way, so hermetic a poet of international renown as Paul Antschel (or Anczel) alias Paul Celan, who was born in the Bucovina, *i.e.* the northeastern foothills of the Carpathians, but lived in Bucharest before moving to Central Europe till he finally settled in Paris. Admittedly, not even the Germanists themselves are always aware of these things, whether on a linguistic or a literary level, while it will be remembered not merely by them that France, too, includes an old and rich German-speaking area: namely, the Elsaß, or Alsace, situated between the Vosges mountains and the river Rhine. Alsatian literature, it is true, has long ceased to play the near leading role it could boast, with such prominent authors as René Schickele and Ernst Stadler, in the heyday of German Expressionism; its output is nowadays restricted mainly to dialect poetry. (Which doesn't mean, though, that it could be shrugged off as parochial and unimportant.) In truth, a whole surge of bold and modern dialect writing, lyric and dramatic in particular, has swept over German letters during the past quarter of a century or so, both variegating and complicating the scene; those involved have certainly succeeded in adding a new dimension — and one embracing the southernmost Alemannic no less than the Low German, or *Plattdeutsch*, of the North — to traditional German dialect literature and, by implication, to germanophone literature in general. All I can do here is hint at this fascinating process, underscore the specific significance it has gained throughout the several Bavarian dialects spoken in Austria and Southern Germany,[28] and stress, in passing once more, that it is in no way an isolated

28 It is worthy of note, therefore, that the two Austrians singled out by Schwarz as test cases (see n. 11 above) write and/or perform in dialect, even though not exclusively; also, compare Christopher J. Wickham, "Modern German Dialect Poetry as a Linguistic, Literary, and Social Phenomenon: The Case of Bavarian and Austrian" (Diss. University of Wisconsin-Madison, 1983). For a first comprehensive study, see Fernand Hoffman [and] Josef Berlinger, *Die Neue*

Teutonic phenomenon but has its ample correspondences in France, Spain, Italy, and elsewhere.[29] Contrarily, however, I also hasten to emphasize that — one might perhaps be inclined to say: in order to balance things — two remote regions inside the boundaries of the German-speaking countries are extant where Slavic languages are still in use: to wit, the Lausitz, or Lusatia, in the eastern part of the German Democratic Republic, with its enclave of Sorbs, or Wends, as well as the southern part of Kärnten, or Carinthia, in Austria, with its Slovenian exclave bordering on Yugoslavia where the majority of the Slovenes is concentrated, another Slovenian exclave being located in Italy. Either of these ethnic and linguistic splinter groups within the German-speaking community has now attained, at long last, its autonomous literariness, albeit for different reasons, and has already assembled a small but respectable body of literature. The exchange that has likewise ensued between such novel Sorbian, or Wendish, and Slovenian letters, on the one hand, and, on the other, the surrounding or adjacent literature(s) written in German — bilingualism prevails,[30] naturally — is bound to stimulate and enrich the latter as much as the former; especially noteworthy, in this regard, is the Carinthian-born Peter Handke, for he, probably the most widely known and most prolific of all contemporary Austrian writers, has been active not only as a selfless mediator but also as a translator of his fellow countrymen expressing themselves in their native language.[31]

Deutsche Mundartdichtung: Tendenzen und Autoren dargestellt am Beispiel der Lyrik (Hildesheim/New York: Olms, 1978); for a trilingual anthology — containing the original texts, plus High German and English renditions — see *Dimension* 12 (1979), Nr 3. A much neglected representative of the dialect of Berlin, Günter Bruno Fuchs, is discussed in my brief essay, "Genrebild mit Hintergrund: Berlinisch, um 1967," in *Gedichte und Interpretationen. Band 6: Gegenwart*. Hrsg. von Walter Hinck (Stuttgart: Reclam, 1982), pp. 199-207.

29 It goes without saying that I do not aspire to being exhaustive: both the tiny countries of Liechtenstein and, especially, Luxemb[o]urg would offer, each in her own way, additional examples within the German-speaking community. — Compare again a couple of very recent publications: to wit, *Kolloquium zur literarischen Kultur der deutschsprachigen Bevölkerungsgruppen im Ausland* (Flensburg: Institut für regionale Forschung und Information im deutschen Grenzverein, 1984) and *Deutschsprachige Literatur im Ausland*. Hrsg. von Alexander Ritter (Göttingen: Vandenhoeck und Ruprecht,, 1985 [=Beiheft 13 of *LiLi*, or *Zeitschrift für Literaturwissenschaft und Linguistik*]).

30 A case in point is the work of Kito Lorenc; compare the entry on him in Richard A. Zipser, unter Mitarbeit von Karl-Heinz Schoeps, *DDR-Literatur im Tauwetter* (New York/Berne/Frankfurt am Main: P. Lang, 1985), vol. II, pp. 43ff.

31 *E.g.*, see Handke's rendition of Florjan Lipus, *Der Zögling Tjaz: Roman*

Let me adduce a last though even more momentous couple of instances. Nobody, I am sure, will question the independency of a Yiddish literature of its own. Yet can one presuppose, with equal confidence, a common knowledge of its linguistic origins? After all, Yiddish is a branch (or *Nebensprache*, technically speaking) of German, rooted as it is in a medieval dialect thereof; no fewer than four fifths of its vocabulary stem, to quote a popular reference work,[32] from a "High German language," the remainder of 20% deriving chiefly from the Hebrew and, to a degree, from Slavic idioms. (The transcription of Yiddish currently preferred, at least in English, tends to blur that age-old connection . . . and signals, needless to iterate, a horrible disconnection as well.) However, the intimate kinship of Yiddish and German applies literarily, too, not just linguistically, as has been demonstrated, above all, by two seminal studies of 1971: namely, on the one hand, by the cryptically titled *Lontano da dove* ("Far from Where") of Claudio Magris — treating, as the subtitle of its German version indicates, the *Verlorene Welt des Ostjudentums*[33] — and, on the other hand, by Evelyn Torton Beck's *Kafka and the Yiddish Theater*,[34] which opens up yet a further perspective. For not only were there to emerge, out of their cultural as well as social confines, Jewish-German authors in 19th-century Bohemia,[35] then still a kingdom under Hapsburg rule, but there was also to develop subsequently — "between 1890 and 1939," as Peter Demetz specifies;[36] hence, in the new Czechoslovakian republic no less than in the old Austro-Hungarian monarchy — a distinctive, indeed singular, *Prager deutsche Literatur*[37] which, for the most part composed by emancipated Jewish writers,[38] was in turn influenced by the very heritage they had shed, as witness precisely examples like that of Franz Kafka. Small wonder,

---

(Salzburg: Residenz, 1981). The fact that its title echoes that of Musil's youthful novel of 1906, *Die Verwirrungen des Zöglings Törleß*, is hardly a coincidence.

32 Cf. *Webster's Ninth New Collegiate Dictionary* (Springfield [Mass.]: Merriam, 1983), p. 1368.

33 Claudio Magris, *Lontano da dove* (Turin: Einaudi, 1971); in German translation: *Weit von wo: Verlorene Welt des Ostjudentums* (Wien: Europa, 1974).

34 Evelyn Torton Beck, *Kafka and the Yiddish Theater: Its Impact on his Work* (Madison, Milwaukee, and London: University of Wisconsin Press, 1971).

35 See especially Margarita Pazi, "Jüdisch-deutsche Schriftsteller in Böhmen im 19. Jahrhundert," *Jahrbuch des Instituts für deutsche Geschichte* [Tel-Aviv] Beiheft 4 (1983), pp. 203-258.

36 Cf. his remarks in Max Brod, *Der Prager Kreis*. Mit einem Nachwort von Peter Demetz (Frankfurt: Suhrkamp, 1979), pp. 241-246; here, p. 243.

37 Ibid.

38 Cf. ibid., p. 242.

therefore, if none other than Kafka's friend and literary executor, Max Brod, should have related the history of that thriving *Prager Kreis* in his retrospective of the same title,[39] discussing the lives and works not only of its stable and typical members but also of its atypical ones who left — as did, most notably, Rainer Maria Rilke. In either case, both its predominant Jewishness and its precarious location, geographically as well as linguistically, rendered their situation almost unique.

Thus, do I have to state expressly that all this calls once more for investigations and studies which must be defined as comparative, partly within a *Haupt-* and its *Nebensprache* and partly, no doubt, within a single language? Prague was moreover, during the first half of the Third Reich, one of the early centers of the German emigrants and their literature, so decidedly and uncompromisingly opposed to what was produced in Hitler's Germany, and yet unquestionably identical with it in other respects. Between 1933 and 1945 — and even, to some extent, beyond — there existed nothing short of another tetrad or, at least, triad of German letters which may be likened, if again *mutatis mutandis*, to the quaternity obtaining today. As soon as we accept, in addition to the concept of a German literature in exile, the much-debated notion of one of an "inner emigration" as well, distinguishable not only from blunt and outspoken Nazi stuff but also, perhaps, from a plainly and purposely apolitical manner of writing: then, for better or worse, we cannot but arrive at said division. That indeed the resulting literary entities are simultaneously different from, and similar to, each other has been shown, through subtle comparisons of form and content within a given genre or theme, by scholars such as Theodore Ziolkowski, who devoted himself to the sonnet as fostered inside and outside of Nazi Germany,[40] and Wolfgang Emmerich, who probed into the comparable fosterage of nature poetry.[41]

Alas, the dire experience of emigration can hardly be denounced, despite appearances, as the sinister prerogative of the Germans; nor is the admirable cultivation of letters by émigrés and what it entails, biographically and otherwise, restricted to them and to the 20th century. Conditions that are basically the same subsist, as I stated in the beginning, elsewhere as

---

39 First published, without Demetz's postface, in 1966.

40 See Theodore Ziolkowski, "Form als Protest: Das Sonett in der Literatur des Exils und der Inneren Emigration," in *Exil und innere Emigration*. Hrsg. von Reinhold Grimm u. Jost Hermand (Frankfurt: Athenäum, 1972), pp. 153-172.

41 See Wolfgang Emmerich, "Kein Gespräch über Bäume: Naturlyrik unterm Faschismus und im Exil," in *Natur und Natürlichkeit: Stationen des Grünen in der deutschen Literatur*. Hrsg. von Reinhold Grimm u. Jost Hermand (Königstein: Athenäum, 1981), pp. 77-117.

well as before. Nonetheless, it was, rightly enough, a German who compiled — if somewhat liberally, granted — a stunning array of his world-literary predecessors and fellow sufferers in that respect, from Homer and Ovid onward. Hiding in Denmark during the 1930s, Bertolt Brecht wrote two poems on the subject, "Die Auswanderung der Dichter" and "Besuch bei den verbannten Dichtern," the first of which culminates with the laconic and telling lines:

> Lucretius went into exile,
> So did Heine, and so Brecht, too,
> Seeking refuge under the Danish thatched roof.[42]

It would, of course, be an easy task to update Brecht's listings, drawing on either contemporaries of his or those born later. Both the younger Nabokov and the older Solzhenitsyn, for example, along with sundry Slavic and also Baltic writers, might be said to be representative of post-Brechtian emigrant literature, just as the antifascist — or, to be exact, anti-Falangist — authors in Franco's Spain, such as Antonio Buero Vallejo and Alfonso Sastre, might convincingly stand for its interior equivalent (not to mention some bizarre and sad instances from the German-German repertoire). Literatures created in inner emigration or exile, whether forced or voluntary, and, as a result, multiplicities of literary units within single languages, are anything but exceptional.

In a spirited article published in *The New York Times Book Review*, the eminent West-German lyricist and essayist, Hans Magnus Enzensberger, recently made the provocative point that facts, after all, are "only facts; for

---

42 Cf. Brecht, *Gesammelte Werke in 20 Bänden*, vol. 9, p. 495 (my translation). In the original and in its entirety, the poem reads:

> Homer hatte kein Heim
> Und Dante mußte das seine verlassen.
> Li-Po und Tu-Fu irrten durch Bürgerkriege
> Die 30 Millionen Menschen verschlangen
> Dem Euripides drohte man mit Prozessen
> Und dem sterbenden Shakespeare hielt man den Mund zu.
> Den François Villon suchte nicht nur die Muse
> Sondern auch die Polizei.
> 'Der Geliebte' genannt
> Ging Lukrez in die Verbannung
> So Heine, und so auch floh
> Brecht unter das dänische Strohdach.

For the second poem, see ibid., pp. 663ff.

all their eloquence, they cannot speak for themselves."[43] Yet sometimes, *pace* Enzensberger, they do, or ought to. I, for one, shall readily leave this descriptive survey of mine, as fleeting as it may be, at its bare factuality, hoping that the implications thereof will be self-evident. "Comparability unlimited': such is the valid password everywhere in the realm of letters; for, by definition, the interpretation of literature, as any hermeneutic enterprise, is comparative. Hence, all that needs to be heard, in conclusion, will be the verdict of the theorists of the discipline of Comparative Literature itself. If they insist[44] that linguistic, rather than literary, multiplicity must be assumed as the sole criterion for differentiation, *i.e.*, if they decree that the study of Comparative Literature has to involve at least two languages in order to deserve its name — fine; this is a matter of academic departmentalization, no more, and I shan't bother to quarrel with them. What I do reject, however, is the infelicitous notion and term of "second literatures," or *littératures secondes*, as coined or first advocated by Gustave Charlier, in his *Les Lettres françaises de Belgique* of 1944,[45] and faithfully propagated today by his aforesaid compatriot, Dyserinck. Of necessity, their concept of secondariness smacks of second-rateness even if never meant in a devaluating sense (*ohne daß damit etwa eine Bewertung im Sinne von Zweitrangigkeit intendiert gewesen wäre*).[46] That it sprang up from the French-speaking community was perhaps no accident, for French literature, more than any other, is indeed centralized. The very choice, by a Belgian, of a name like *Mutterliteratur*[47] for the latter is expressive enough, although this supplementary concept of a "mother literature," in spite of its loving connotation, scarcely serves to dispel the tinge of inferiority in the former, but rather tends to intensify it. And does a mere variation of nomenclature — "partial literatures," or *Teilliteraturen*,[48] instead of "second literatures" — really change a lot? But be that as it may in franco-

---

43 Cf. Hans Magnus Enzensberger, "Mann, Kafka and the Katzenjammer Kids," *The New York Times Book Review* (November 17, 1985), pp. 1 + 37-39; here, p. 37.

44 As does not only Dyserinck (see n. 18 above) but also, for example, Ulrich Weisstein. Compare his *Einführung in die Vergleichende Literaturwissenschaft* (Stuttgart, 1968); also in English translation: *Comparative Literature and Literary Theory: Survey and Introduction* (Bloomington and London: Indiana University Press, 1973).

45 Gustave Charlier, *Les Lettres françaises de Belgique: Esquisse historique* (Brussels: La Renaissance du Livre, 1944).

46 Cf. Dyserinck., p. 94.

47 Cf. ibid.

48 Cf. ibid.

phone letters, one thing is for sure: any term or notion of secondariness or subordinate parts in our tetrad of germanophone letters would be inadequate, grossly misleading, and altogether unworkable and unfair. Namely, which of those two literatures written in the two Germanies should be conceived of as "second" in relation to the other: that of the GDR or that of the FRG? Or who could still dare proclaim, in good faith, the existence of a Swiss or Austrian literary secondariness, be it in regard to both or either of that pair of emphatically German literatures (which would, supposedly, themselves be vying with each other)? Nor does all this, once again, constitute an isolated problem germane to germanophone letters, for all the proverbial exceptions one might wish to make; as a matter of fact, the full impracticality of the Belgians' terms and notions finally comes to the fore when one tries to apply them to anglophone literature, gauging the relationship of, say, American to British letters. Not even Dyserinck himself is unaware of its "complexity," luckily.[49] By comparison, then, insights are dawning; in the long run, a less monolithic, more differentiated terminology and approach will be adopted. And on this hopeful if slightly secondary note . . . I might as well end.

No, I was going to, I meant to and was prepared to. However, there is a publication dating from 1981 — as I recalled somewhat belatedly even though I myself had launched a scathing review[50] at its editor — which cannot possibly be ignored or bypassed here: to wit, the five-volume encyclopedic work published by Rowohlt under the supervision of Manfred Brauneck, and titled *Weltliteratur im 20. Jahrhundert.* For not only do its respective contributors, Helga Bleckwenn and Manfred Behn, unfold the complicacy, indeed intricacy, of the problems beleaguering as well as enriching germanophone literature, but they also put forward, unfortunately, views and ideas that are — to phrase it with utter restraint — quite debatable. Thus, as it turns out, Enzensberger's piquing advice (or, rather, his philosophy teacher's to which he refers, propounded as it was "in the best tradition of Kant and Hegel")[51] must not be disregarded entirely. The following, among other things, should at least be noticed and pondered, if not immediately judged.

---

49 Cf. ibid., p. 95. Also, let me profess in all fairness that, my mild criticism notwithstanding, the respective chapter in Dyserinck's book, "Die Nationalliteratur als komparatistisches Problem," contains a great deal of astute observations and useful suggestions, as does his meticulous introduction as a whole.

50 See Reinhold Grimm, "Lust und Elend der Literaturvermessung," *Die Zeit*, Nr 14 (2 April 1982), Literatur[blatt], p. 9.

51 Cf. Enzensberger, p. 37.

Brauneck's encyclopedia, while offering, for instance, separate essayistic entries on English and American letters, thereby placing both on an equal footing,[52] does contain, it is true, an essay devoted to the "Literature of the GDR," over and above the one so lapidarily designated "German Literature"; yet the former has already typographically, by way of smaller print, been subordinated to the latter — which corresponds, in the main, to FRG literature — just as the francophone literature of Africa has been downgraded by such editorial means in relation to French literature proper.[53] Furthermore, nowhere does this voluminous encyclopedia provide any self-contained treatments of either Austrian or Swiss-German letters. Indeed it does not even take cognizance of Switzerland's multilingual situation, much less of her multicultural one, positing, with neat and preposterous matter-of-factness, "*vier deutschsprachige Staaten*"[54] instead, as if the Swiss Confederation were a country wholly populated by speakers of German. More strangely still, and although an article on Netherlandic literature has been included,[55] Dutch and Flemish are being maltreated linguistically, for they appear in Bleckwenn's contribution as "special dialect forms" (*dialektale Sonderformen*, as they are labeled)[56] of Low German, rather than as an autonomous and unified Germanic idiom of its own. The same collaborator of Brauneck's, in an attempt at describing the German-speaking community around 1900, also holds that neither those Germanophones who had emigrated — and by the millions at that — to the United States, or had established themselves in the colonies then acquired by Imperial Germany, can be said to have brought about a literature, or literary interconnections, worthy of any note.[57] What is most disconcerting, however, and surely will cause a shock among the survivors in question, is the fact that the very concept of a specific German exile literature during the 1930s and 1940s is being doubted by these West-German scholars. Namely, according to Bleckwenn, who likewise tends to gloss over the literary differences within Nazi Germany, it yet remains to be seen and proven whether there did in fact exist an "independent exile literature as

---

52 Compare *Weltliteratur im 20. Jahrhundert*. Hrsg. von Manfred Brauneck (Reinbek bei Hamburg: Rowohlt, 1981), vol. 5, pp. 185-204 and 395-422, respectively.

53 Compare ibid., pp. 219-235.

54 Cf. Helga Bleckwenn, "Deutsche Literatur," ibid., pp. 149-172; here, p. 149.

55 See ibid., pp. 301-310.

56 Cf. Bleckwenn, p. 149. The only area listed that would qualify in terms of a mere dialect is Luxemb[o]urg.

57 Cf. ibid.

such" (*Exilliteratur als eigenständige Literaturform*)[58] or whether that which can be mustered is but a number of germanophone texts produced by authors who happened to write under certain adverse conditions.

I herewith challenge, expressly and most passionately, the latter allegation, but I won't discuss it because the existence of a specific German exile literature seems to be irrefutable. As to various minor data Bleckwenn denies or dismisses, they all have previously been shown to obtain, I believe, with sufficient cogency. May I merely observe in addition: (a) that a surprisingly large body of German colonial literature came into being — as has been demonstrated of late[59] — both during and after the time of Germany's possession of vast African lands in particular; (b) that some American archives and libraries virtually abound with factual material testifying to a similar but, naturally, not so surprising corpus of German-American letters that sprang up and flourished since the middle of the 19th and well into the 20th centuries, and not just in and around the centers of German immigration (such as New York, Milwaukee, or St. Louis) but in other parts of the country, too. Only recently, the first serious investigation thereof have been undertaken, and their results, been made available.[60]

---

58 Cf. ibid., p. 164. Nevertheless, there do occur some interesting observations in Bleckwenn's article that should not go unheeded in our context. Compare, for instance, p. 165: "In der allseits existenzbedrohenden Situation der letzten Kriegsjahre zeigt sich eine merkwürdige Konvergenz in den Werken der Autoren in Deutschland und im Exil. Es entstehen große Werke, und zwar aus neuer religiöser Erfahrung (Werfel, *Das Lied von Bernadette*, 1941; Döblins Überarbeitung der *November 1918*-Trilogie, Langgässer, *Das unauslöschliche Siegel*, 1946) und unter auffälliger Bevorzugung utopischer Entwürfe (Hesse, *Das Glasperlenspiel*, 1943; Werfel, *Stern der Ungeborenen*, 1946; Kasack, *Die Stadt hinter dem Strom*, geschrieben 1942 bis 1946)." Also, compare p. 168: "Es ist auch symptomatisch, daß zurückgekehrte Autoren in der DDR kulturpolitisch arbeiteten, während bedeutende, zur Bundesrepublik hin orientierte Autoren nach der Rückkehr aus dem Exil (Th. Mann, Zuckmayer) oder dem Verlust der Heimat (Schaper, Wiechert) gern in der Schweiz ansässig wurden." The latter remark is indeed appropriate. For let us note at least in passing, with reference to the former quotation, that Hesse's great novel of 1943 originated from Switzerland, and that its author had long since become a Swiss citizen.

59 See Amadou Booker Sadji's pioneering monograph, *Das Bild des Negro-Afrikaners in der Deutschen Kolonialliteratur (1884-1945): Ein Beitrag zur literarischen Imagologie Schwarzafrikas* (Berlin: Reimer, 1985).

60 See, for instance, articles such as Horst Denkler's "Die Schule des Kapitalismus: Reinhold Solgers deutsch-amerikanisches 'Seitenstück' zu Gustav Freytags *Soll und Haben*" and Christoph Hering's "Otto Rupius, der Amerikafahrer: Flüchtling, Exilschriftsteller, Rückwanderer," both in *Amerika in der deutschen Literatur: Neue Welt — Nordamerika — USA*. Hrsg. von Sigrid

Let me return, in definite conclusion, to contemporary literature, though. For, luckily again, the propositions advanced by Brauneck and his associates with respect to the present state of germanophone literary affairs appear to be less devious. All the same, they are not devoid of contradictions and will, therefore, still be subject to debate. In fact, they openly invite it to some extent. Contemplate, for example, that humble yet separate essay on GDR literature. Its author, Behn, contents himself with a cautious if variably qualified progress (or non-progress) report which simply states that, to all intents and purposes, the controversy regarding such an autonomy is not yet over. Are East-German letters, critics continue to ask, to be subsumed under the heading of a "uniform" (*einheitlich*) German literature? Or do they actually constitute, alongside those of the FRG, a second — or, alongside those of Austria and Switzerland as well, a fourth — germanophone literature? Besides, must they perhaps themselves be divided into what Behn terms "official" and "oppositional" GDR literatures? None of these questions, he clearly implies, has found its adequate answer.[61] Conversely, Bleckwenn, in her essay on an overall and boldly unqualified German literature, is both more explicit and daring and more contradictory. On the one hand, she perceives among those who write and read German an increasing self-awareness of their independent political, indeed national, identities, a divergence accompanied, of course, by an equally growing and hardly less conscious diversity in the cultural sphere; she even goes so far as to claim that this specific "*kulturelles Bewußtsein*" based on that general "*eigenstaatliches Identitätsbewußtsein*"[62] already precludes a genuine feeling of unity and togetherness between germanophone authors and their once homogeneous — or supposedly homogeneous — audience. "Es gibt," Bleckwenn curtly decrees, "kein spezifisches Zusammengehörigkeitsgefühl zwischen deutschsprachigen Autoren und ihrem Publikum mehr."[63] On the other hand, she infers that an

Bauschinger [et al.] (Stuttgart: Reclam, 1975), pp. 108-123 and 124-134, respectively. Compare also Carol J. Poore, *German-American Socialist Literature 1865-1900* (Bern u. Frankfurt: P. Lang, 1982). Hering, incidentally, seems to be the first to have placed German-American literature, German *Afrikaliteratur*, and the literatures of German minorities in Europe all side by side with each other, however cursorily. — A survey collection of earlier contributions should also be mentioned: namely, *German-American Literature*. [Ed.] by Don Heinrich Tolzmann (Metuchen, N. J. [and] London: Scarecrow Press, 1977).

61 Cf. Manfred Behn, "Literatur in der DDR," in *Weltliteratur im 20. Jahrhundert*, 5: 172-184; here, 5: 172.

62 Bleckwenn, pp. 149 and 172, respectively.

63 Ibid., p. 172.

opposite tendency toward convergence has kept intensifying, despite appearances, for the past ten years or so; hence we are advised to consider, however paradoxical it may sound after what we have heard, if one might not be justified in retaining the erstwhile concept and summary notion of an all-embracing "German literary history," or *deutsche Literaturgeschichte*.[64] According to Bleckwenn, at any rate, there is no dearth of evidence whatsoever, especially as far as East- and West-German authors and writings are concerned. The proof she furnishes to bear her hypothesis out comprises, for instance: a common predilection for new biographical attitudes and approaches, indeed for innovations affecting the genre itself; a joint penchant for the mutual reflection and interlacement, often through literary figures and their lives and works, of past and present; numerous attempts at coming to grips with one's youth and family, likewise coupled, as often as not, with formal and generic experimentation; and, last but not least, a rising tide of female and feminist literature and modes of criticism.[65] I am not altogether convinced that every argument here adduced is sound enough — *i.e.*, sufficiently typical and exclusive within Bleckwenn's context — but her selection could surely be supplemented, on a more personal level, with the heritage and lasting influence of Brecht and his *oeuvre*, shared as they are by the younger generation of writers throughout the German-speaking community (and beyond) by virtue either of emulation or, no less tellingly, of rebellion. Wherever we look into germanophone letters and the critique, research, and scholarship swarming them, we detect a veritable surfeit of all sorts of identities as well as differences; no matter how we want to deal with this *embarras de richesse* and its sometimes all too hasty appraisers, we cannot fail to discover near boundless opportunities for comparative studies of the most variegated kind. Both present-day Austrian and German authors and their behavior — to cite one final example from Bleckwenn's sweeping assessment — are even said to converge in terms of literary sociology, nay geography, since the ideal place for which they allegedly yearn is no longer any of their grand old capitals of literary life but, we are told, the countryside: "Weder nach Berlin, Wien oder München zieht es heute Schriftsteller, sondern aufs Land."[66]

And with this wholesome remark, I shall break off for good. (Yet really,

---

64 Cf. ibid., p. 149. Bleckwenn's wording is not quite correct, however. The respective sentence should read: ". . . so daß zu erwägen ist, ob [nicht] in historischer Betrachtung auch weiterhin von einer deutschen Literaturgeschichte gesprochen werden kann."

65 See ibid., p. 171.

66 Ibid., p. 172.

in order to do justice to the poor Swiss, shouldn't Zurich, too, have been listed, along with Berlin, Vienna, and Munich, as such a newfangled *locus inamoenus*?)[67]

[67] There is yet more that has to be appended. Only very recently, the first two volumes of the *Publikationen der Gesellschaft für interkulturelle Germanistik* have come out, both of which include contributions relevant to our topic; compare especially *Das Fremde und das Eigene: Prolegomena zu einer interkulturellen Germanistik*. Hrsg. von Alois Wierlacher (Munich: Iudicium, 1985). Likewise, of course, mention should be made — despite a name much abused during the Third Reich — of the intercultural series, *Auslandsdeutsche Literatur der Gegenwart*, published by Olms Presse (Hildesheim) under the editorship of Alexander Ritter, who has amassed, since its inception in 1974, more than fifteen volumes containing texts in German that stem from the Soviet Union as well as from Canada, and from Israel as well as from Belgium and South Tirol. One final addition at press time is: *Modern Swiss Literature: Unity and Diversity*, Papers from a Symposium, ed. by John L. Flood (London: St. Martin's Press, 1985).

Reflections of German Oral Tradition in *Thidrek's Saga*

EDWARD R. HAYMES

Cleveland State University

I thought it might be appropriate in this volume dedicated to a scholar whose work is always exploring new fields to offer a glance into my own workshop. Over the past few months I have been working on a translation of the Old Norse *Thidrekssaga af Bern.* During this time I have been observing the way the saga is made up and and trying to determine just what relationship exists between it and the German oral tradition it purports to preserve.

Thidrek's Saga is a treasure trove for the student of German heroic legend. It was probably compiled in Bergen around the middle of the thirteenth century. The usual assumption is that it was written at the court of King Hakon the Old, who died in 1264, and who was responsible for the production of a number of Norse versions of French and German materials (See Schach, 1973). It contains many of the best known medieval German heroic stories in versions that are more or less independent of their Middle High German parallels, along with many stories that are only found here. The compiler attempted to include everything he knew in the saga and the final text occupies some six hundred pages in the recent Icelandic edition I am using (Jónsson, 1954). The saga-man says that he heard his stories from German men, and he claims that any German would tell the story exactly the same way because of the body of song about the heroes extant in Northern Germany.[1]

The saga-writer also cites Danish, Swedish, and Norwegian-Icelandic sources, both prose and poetry. The influence of these Old Norse sources seems to lie mainly in the forms of the names and in the version of Siegfried's youth preserved here, which is closer to Norse versions than to the German form we know in the *Nibelungenlied.* His version of the story of Weland the Smith also seems to be heavily indebted to the Norse versions. The Norse influence is, of course, also pervasive on the stylistic

---

1 He obviously had not read Albert B. Lord's *The Singer of Tales,* (Lord, 1960), or he would have known that oral songs change with each performance.

level in the transformation of the materials from foreign verse and prose into Norse narrative prose. Here one can hear the echoes of saga prose.

The compiler's ostensible goal was the preservation of this large body of material, to keep it from going "out of the memory" as he puts it. He tells us something of his organizing principle when he says that he tells first the stories of the heroes "who ruled the lands and by whose names the peoples they ruled are called."[2] He also comes up with what seems to him a "rational" explanation for the heroic age by saying that the heroes were descended from the Biblical giants existing after the flood and that as time went on, men became weaker and smaller until they reached the puny condition of the saga-man's contemporaries. At the time of Thidrek, there were only a few such great and strong men alive and they naturally stood out from the "smámenn," the "little men" around them.

He also tries to explain the formulaic superlatives of his narrative:

> Some words are exaggerated for the sake of poetic effect and the person who is being praised at the moment is called the greatest of men — so also with the number of men killed so that it is said that the whole people fall if only the most distinguished, who have already been praised, fall.

He was obviously aware of the repetitious language of his opus and was at pains to protect himself from what we would consider rather modern criticism of his style.

I propose to attack my topic here by examining the way a late German ballad and the parallel passage in the *Thidrek's Saga* handle their materials. The German ballad is the so-called "Younger Hildebrandslied" and it survives from the fifteenth century on in a number of manuscripts and printed versions, both High and Low German. The ballad itself is not the source of the account in the *Thidrek's Saga*, but its retention of a number of telling details makes it clear that the two versions are very close together in the family tree of this story. Some of the details of the ballad seem to be "generic" and some of them don't fit the situation of this specific story at all well. Many of the details of the *Thidrek's Saga* account are also "generic", as we can see by comparing the scene to others in the saga.

The Hildebrand story is always understood as part of the exile complex concerning his lord Thidrek, or in German Dietrich von Bern. King Dietrich is the heroic figure derived from the sixth-century Gothic king Theoderic the Great, who is perhaps best known to non-Germanists as the persecutor of Boethius. In the Germanic heroic legend, Dietrich and his men are driven out of their home city of Verona (known in the legend as Bern) by King

---

2 This and all quotes are from my translation

Ermanaric, a figure who has somehow replaced the historical Odoacer. He spends more than thirty years as an exile before returning to reclaim his rightful kingdom. Stories associated with Dietrich appear in Old and Middle High German, in Low German and in Old Norse poetry and prose. He is even mentioned in Old English poems such as *Deor* and *Waldere*. Outside of the the *Thidrek's Saga* there is no connected narrative of his career, but there are many poems in Middle High German dealing with him. Some of these deal with his adventures outside of any historical framework. Here he is simply the exemplary hero of the period. There are also two poems that purport to tell historical events, *Dietrichs Flucht* (Dietrich's flight) and *Rabenschlacht* (The Battle of Ravenna), having to do with the beginning and an attempt to end his exile. Dietrich also plays a relatively minor but important role in the *Nibelungenlied*. (Cf. Haymes, 1986, pp. 101-114.)

Hildebrand[3] is the weapons-master of Dietrich. He is almost always present in the Dietrich stories. In the story at hand, Hildebrand encounters the young warrior Alebrand alone and they engage in a furious fight. When the old man manages to subdue the younger, he forces him to reveal his identity. He then discloses his own name and informs him that he is his father and the two ride triumphantly back to Bern where they visit Alebrand's mother, Lady Ute/Oda. This is the plot we find in both the ballad and the saga.

The story of the battle between Hildebrand and his son is also told in an Old High German heroic poem that is the only piece of real heroic poetry in that language. That poem is fragmentary and most Germanists believe that it concluded with the father killing the son. The elder *Hildebrandslied* concentrates on the father's attempt to convince the young warrior opposing him that he really is his father, since both warriors had identified themselves at the beginning of their encounter. The son (who is here called Hadubrand), has been told by the elders of his tribe that Hildebrand is dead, so that he thinks the claim is simply a ruse on the part of the older and more experienced warrior. He remarks that the old man has managed to live as long as he has by his crafty wits and he will not be taken in. He also remarks on the fine armor worn by the old man and says that it is obvious that he has been well taken care of by a rich lord, and that he has not been

---

3 I have normalized the spelling of Hildebrand and his son Alebrand to the usual German forms. Old Norse generally has Hildibrand and Alibrand. In the case of Dietrich, I have used the form "Dietrich" for the legendary hero in general, "Thidrek" for the hero of the saga, and "Theodoric" for the historical Gothic tyrant.

living as an exile. The father offers him a gold ring as a token of peace, but the son responds with a series of taunts. Finally the battle breaks out and the poem breaks off. The entire fragment is made up of about 65 long lines.

As we compare the two later versions, the first difference we observe is one of scale. The account in the ballad takes 20 strophes of four lines each. The account in the saga takes up five pages. The first strophe of the ballad is a general introduction to the situation, which is unnecessary in the saga. Hildebrand asks for help in finding his way back to Bern, because he has not been there in thirty-two years. In the second strophe Hildebrand is warned of the danger of encountering the young Alebrand, who would attack him even if he were one of twelve. There is no mention of the relationship between the two. Hildebrand obviously does not know that he will encounter a warrior who is his son. This lack of knowledge on Hildebrand's part doesn't make sense; Dietrich clearly knows who the young man is, because he warns against doing the young man any harm, since Alebrand is dear to his heart.

In the saga, Hildebrand knows who Alebrand is, but he cannot recognize him, because he has never seen him. He is given a description, the most salient feature of which is that he rides a white horse. As he rides toward the city he encounters a young man hunting on a white horse. This tips off the reader, but seems to leave Hildebrand unenlightened. The young man refuses to identify himself and there is a long battle.

In the ballad Hildebrand encounters Alebrand and the young man immediately demands to know what this old man is doing in "meines vatters land," "my father's land." Alebrand remarks that Hildebrand is obviously well taken care of, a motive that only made sense in the Old High German version, in which Hildebrand was already trying to convince his son that he was his father and an exile. After this encounter, they begin fighting. Immediately we are treated to another blind motif. The young man strikes such a blow that Hildebrand has to jump back seven "klafters."[4] Hildebrand says at this point that a woman must have taught him that blow. One wonders what kind of Amazonian women Hildebrand is thinking of.

The sense behind this motif only comes out in the saga. Hildebrand wounds the young man and he falls down. He reaches out his hand in apparent surrender. When Hildebrand reaches forward Alebrand strikes out with his sword and tries to cut off his hand. Since this is a sort of patented blow several times identified as being known only to Hildebrand, he is able to parry the blow with his shield after which he makes the accusation that

4 A measure based on the length of both arms outstretched, i.e. about six feet. The song thus requires a broad jump in full armor of forty-two feet!

he must have learned the blow from a woman (since only Hildebrand's wife would have known the secret of the blow) and not from his father, giving the young man another opportunity to identify himself. He falls to the earth and Hildebrand springs on top of him and demands his name. This last situation is identical to that in the ballad, where Hildebrand says that he will be the father-confessor of the young man, that the young man must confess who he is and what family he comes from before Hildebrand will let him up.

Both the ballad and the saga have Alebrand telling at this point who he is and then Hildebrand's joyful announcement of his own identity. Both versions have Alebrand bringing his father home to his mother. The son quickly introduces the father in the saga and there is no real reunion scene with the mother after that. The ballad, however, makes good use of dialogue to make the reunion dramatic. First the mother asks if Alebrand is not honoring his prisoner too much by bringing him to the table. Then the son takes a whole stanza to tell her that he had almost been killed by the man and that it is his dear father. He tells her to show him honor. In the final strophe, she brings him a cup of wine and he lets a ring fall from his mouth into the cup for her. A touching moment, but completely out of place. This is a motif that belongs in a situation where the returning husband needs — like Odysseus — to keep his identity secret and thus passes the token on to his wife in a way that does not betray his identity to anyone else. This motif was probably not in the version used by the saga writer, since he had a tendency to include anything he found in his sources whether it would fit or not. It is used correctly in the D version of the Middle High German *Wolfdietrich*, so it must have had some currency in Middle High German heroic narrative.

The saga returns immediately to the political concerns of the returning king and thus has no room for this little domestic drama or for a quiet homecoming meal.

The generic additions in the saga occur in the battle descriptions in which the opponents twice become so tired that they have to stop and rest for a while, leaning on their shields. This is a common rhetorical device in the saga, used to emphasize that the two men are so evenly matched that neither can easily get the better of the other. The dialogue between father and son is also much expanded through repetitious demands on the part of the son that the father give up his weapons and go with him, coupled with similar demands on the part of the father that the son identify himself.

It is apparent from the existence of the Old High German poem and the late medieval ballad that this material existed throughout the Middle Ages in the form of an episode song of some kind. This certainly does not mean that the older school of German scholarship associated with the name of Andreas Heusler that postulated that all German heroic legend lived only in such songs was right. It does, however, suggest that there were several different kinds of songs available to the singer, or that different groups of singers tended toward different kinds of songs, a possibility I think inherently more likely. Let us glance back over the history of these songs as we trace it through the written sources.

The ninth-century *Hildebrandslied* was, in spite of its shortness, a work of considerable breadth. (Haymes, 1976) The entire poem is taken up with the preliminaries to the battle. (The ballad covers this ground in five stanzas (twenty lines)). The Old High German poem is far closer to a broad narrative in style if not in length, than is the fifteenth century ballad. The existence of a heroic version of the life of Christ in Old Saxon, the *Heliand*, makes it clear that the broad epic tradition was also established in continental Germanic languages as far back as the reign of Charlemagne. This poem is an unmistakable imitation of the oral style, but its imitation shows clearly that the oral style from which it derives its formulas and themes was the same kind of broad, improvisatory epic we know from Old English, Greek, and Serbo-Croatian oral song. I have argued elsewhere (Haymes 1976) that there is no reason to assume that there was any other Germanic tradition of narrative verse than the broad oral-formulaic epic we know from the Old English *Beowulf* and by implication from the Old High German *Hildebrandslied.*

Virtually all Middle High German heroic poetry of the kind we know in the *Nibelungenlied*, the *Kudrun*, and in the *Wolfdietrich-Ortnit* cycle is also made up of literary imitations of an oral tradition. The breadth and richness of the formulaic language make it clear that they were also based on broad, improvisatory epic rather than on short ballad-like songs. The short heroic song in Middle High German postulated by Andreas Heusler and his school is essentially unattested. This has been my assertion for over a decade, and I still feel it be valid for the aristocratic tradition that produced the written epics. But, in the face of the evidence I have presented here, I would now begin to revise that opinion for the period beginning in the eleventh century to include the possibility of certain songs' having been transmitted in short ballad-like versions parallel to the major, probably exclusively aristocratic tradition represented by the *Nibelungenlied* and its fellows. Ernst Erich Metzner marshals a great deal of evidence in favor of a tradition of dance ballads telling stories of Dietrich already in the tenth and early eleventh centuries. (Metzner 1972)

In Northern Germany, the area from which the *Thidrek's Saga* derived its material, there may also have been a more pronounced tendency toward shorter songs, just as there is a tendency toward shorter songs among the Christian singers of northern Yugoslavia as opposed to the truly epic breadth of most Moslem singers in the south.[5] There is, in addition to the High German text discussed above, a Low German version of the ballad of Hildebrand that differs only slightly from the High German. There is also a poem on the death of King Ermanrik that has no High German parallel, in fact it runs against the usual telling of the story as we know it in the *Thidrek's Saga*. There are also Danish ballads that treat of materials from the heroic tradition that suggest contact with a Low German tradition of shorter heroic songs.

The tendency toward short songs means that episodes like the father-son battle in the *Hildebrandslied* will gain in popularity, while epic panoramas of the kind we know from the *Nibelungenlied* will take up residence in books. This seems to be what happened during the later Middle Ages in Germany. During the fifteenth century we find the composition of longer epic versions falling off, although they continue to be revised in the preparation of compendious *Heldenbücher*. The dividing line between the still oral songs and the written epics seems to be an economic one. Only the well-heeled could afford the large collected works, while the poorer public was restricted to hearing performances of the shorter pieces. These short works begin to find their way onto printed paper in the form of broadsides and chapbooks as the sixteenth century expansion of printing made such ephemeral forms cheap.

Works cited:

Haymes, Edward R. *The Nibelungenlied: History and Interpretation.* Champaign-Urbana: University of Illinois Press, 1986.

"Oral Poetry and the Germanic Heldenlied." *Rice University Studies* 62,2 (1976), 47-54.

Lord, Albert B. *The Singer of Tales*. Cambridge, Mass.: Harvard University Press, 1960.

Metzner, Ernst Erich. *Zur frühesten Geschichte der europäischen Balladendichtung: Der Tanz in Kölbigk.* Frankfurt: Athenäum, 1972.

The Saga of Thidrek of Bern. Tr. Edward R. Haymes. New York: Garland,

[5] I do not want to suggest that the tendency to sing shorter songs in the north than in the south is somehow connected to the two compass directions, merely that regional differences exist in different traditions.

1988.

Schach, Paul. "Introduction" to *The Saga of Tristram and Isönd.* Translated by Paul Schach. Lincoln: University of Nebraska Press, 1973.

Thidreks Saga af Bern. ed. Gudni Jónsson. Reykjavík: Islendingasagnaút-gafan, 1954.

Fridericus Rex
Zur offiziellen Friedrich-Verkultung in der wilhelminischen Literatur[1]

JOST HERMAND

University of Wisconsin-Madison

Von seinen Verehrern als der "Große," der "Einzige," der "alte Fritz," der "Initiator der deutschen Volkswerdung" hochgejubelt, von seinen Kritikern als "menschenverachtender Zyniker," als "militärischer Aggressor," als "Despot," als der "böse Fritz" angeprangert: so widerspruchsvoll schwankt das Bild Friedrichs II. von Preußen zwischen den ideologischen Fronten. Während andere Zentralfiguren der deutschen Geschichte schon nach wenigen Jahrzehnten den Eindruck des Abgelebten, Objektivierten, wenn nicht gar Antiquierten und damit Wissenschaftswürdigen erweckten, gehörte dieser König lange Zeit zu den wenigen Figuren, an denen sich geschichtsbewußte Gemüter stets aufs Neue erhitzten. Allerdings lag das nicht allein an ihm, das heißt an seiner vielbeschworenen "Janusköpfigkeit," die sich einerseits in seinen kritizistischen Neigungen, seinem Atheismus, seiner Vorliebe für alles im "fortschrittlichen" Sinne Französische, kurz: seinem "aufgeklärten Absolutismus," andererseits in seiner Eroberungsgier und seinem rücksichtslosen Truppenverschleiß äußerte, sondern weil durch ihn jenes staatliche Gebilde, das die Bezeichnung "Preußen" trägt, zu einem Mythos wurde, der in der deutschen Geschichte der nächsten 200 Jahre eine entscheidende, wenn nicht *die* entscheidende Rolle spielen sollte. Friedrich II. war also nicht irgendein König von Preußen, sondern *der* König von Preußen, der geradezu Modellcharakter hatte. In Friedrich, der als populäre Lesebuchfigur selbst den untersten Bevölkerungsschichten vertraut war, sahen daher viele ein höchst geeignetes Streitobjekt. Wenn man ihn angriff, meinte man meist auch die eigenen Herrscher, wenn man ihn lobte, versuchte man irgendwelche Rechte einzuklagen, wenn man ihn beweihräucherte, wollte man sich "bei denen da oben" beliebt machen usw. Jedenfalls ging es bei

---

[1] Eine Kurzfassung dieses Beitrags wurde im Dezember 1985 auf der MLA-Convention in Chicago als Vortrag gehalten.

solchen Streitereien häufig gar nicht um Friedrich II., sondern um die eigenen Interessen.

Das zeigte sich schon 1786, im Jahr seines Todes, als ihn die höfisch Gesinnten als von Gott begnadeten Regenten betrauerten, die gemäßigten Aufklärer vor allem seine Vernünftigkeit, Toleranz und Volksnähe herausstrichen, während ihn die radikalen Illuminaten, die bereits eine deutsche Republik anvisierten, einfach zum alten Eisen warfen.[2] Derselbe Streit zwischen den Anhängern der Hofpartei, den bürgerlichen Liberalen und den "Umstürzlern" wiederholte sich im Hinblick auf diesen König noch einmal im Vormärz.[3] Die Liberalen — also Historiker wie Franz Kugler, Friedrich Foerster und Carl Friedrich Koeppen, Publizisten wie Karl August Varnhagen von Ense, Politiker wie Johann Jacoby, Maler wie Adolph Menzel oder jungdeutsche Dramatiker wie Julius Mosen (*Der Sohn des Fürsten*, 1843), Karl Gutzkow (*Zopf und Schwert*, 1844) und Heinrich Laube (*Prinz Friedrich*, 1854) — stellten in diesem Zeitraum Friedrich vornehmlich als liberalen Kronprinzen, als Gesprächspartner Voltaires, als flötespielenden Musenfreund, als Steuerreformer sowie als Garanten von Aufklärung, Toleranz und Freiheit hin. Wenn diese Kreise Friedrich II. als vorbildlichen "Bürgerkönig" priesen, so wollten sie damit auch und vor allem ihre eigenen politischen Ansprüche bei jenem Friedrich Wilhelm IV. anmelden, der 1840, also genau 100 Jahre nach Friedrichs Thronbesteigung, die Macht ergriffen hatte und dem ebenfalls der Ruf eines aufgeklärten, musenfreundlichen, ja "geistreichen" Regenten vorausging. Doch Friedrich Wilhelm IV., der einen erstaunlichen Mut zur offen eingestandenen Mediokrität hatte, fand solche Beschwörungen seines großen Ahn eher peinlich als schmeichelnd. So soll er 1849, als ihm die Abgeordneten des Paulskirchenparlaments die Kaiserkrone anboten, gesagt haben: "Friedrich wäre sicher Ihr Mann gewesen, ich bin kein großer Regent." Friedrich Wilhelm IV. las daher kaum eins der erwähnten Friedrich-Bücher, zeigte für die jungdeutschen Friedrich-Dramen nicht das geringste Interesse, ja kaufte nicht einmal eins der ihm angebotenen Fridericiana Menzels.[4]

---

[2] Vgl. hierzu meinen in diesen Problemkreis einführenden Aufsatz "Carl Ignaz Geiger: Friedrich II. als Schriftsteller im Elysium (1786)". In: Jost Hermand, *Unbequeme Literatur. Eine Beispielreihe* (Heidelberg: Stiehm, 1971), S. 21-39.

[3] Eine gute Darstellung des "liberalen" Friedrich-Bilds der Vormärz-Ära bietet der Aufsatz von Françoise Forster-Hahn, "Adolph Menzel's 'Daguerreotypical' Image of Frederic the Great: "A Liberal Bourgeois Interpretation of German History." In: *Art Bulletin* (1977), S. 242-261.

[4] Vgl. Jost Hermand, *Adolph Menzel: Das Flötenkonzert in Sanssouci. Ein realistisch geträumtes Preußenbild* (Frankfurt: S. Fischer, 1985), S. 20ff.

Eine grundlegende Änderung in dieser Hinsicht trat erst mit dem meteorhaften Aufstieg Bismarcks, dem Sieg Preußens über Österreich bei Königgrätz, der Errichtung des "Norddeutschen Bundes" und der Reichsgründung von 1871 ein, durch welche dem älteren bürgerlichen Liberalismus weitgehend das ideologische Rückgrat gebrochen wurde. Indem sich die "kleindeutsche" Lösung durchsetzte und die Hohenzollern zur Erbdynastie des neuen Reiches aufstiegen, wurde plötzlich das Wachstum Preußens, das mit den Schlesischen Kriegen Friedrichs II. begann, im Sinne von Historikern wie Leopold von Ranke, Johann Gustav Droysen und Heinrich von Treitschke als ein Prozeß der "Volkwerdung der Deutschen" interpretiert und damit ins Teleologische erhoben. Durch diese neue Sicht der preußisch-deutschen Geschichte, die alle bisherigen Ereignisse nur noch im Lichte der 1871 erfolgten Reichseinigung betrachtete, büßte Friedrich II. plötzlich sein bisher so strahlendes "liberales" Image ein. Erst jetzt wurde er von der offiziellen bis offiziösen Historiographie sowie der reichsverbundenen Kunst zusehends zu jenem Realpolitiker und Schlachtenlenker verklärt, den bereits sein Vater zur Staatsräson erzogen habe, der in seinen Kriegen selbst gegen eine Übermacht von Feinden stets erfolgreich gewesen sei und der sich schließlich im Alter als ein zwar harter, aber weiser Regent bewährt habe. Als "Starker von oben," behaupteten diese Kreise, habe sich "Friedrich der Große" — wie später "Wilhelm der Große" — als ein in jeder Hinsicht exemplarischer Herrscher erwiesen. Schon durch ihn, hieß es in ihren Schriften immer wieder, sei der überwältigenden Mehrheit der Deutschen aufgegangen, daß eine vernünftig-monarchische weit über einer demokratisch-anarchischen Gesinnung stehe.

Zur Unterstützung dieser Sicht wurde nach 1866 und dann verstärkt nach 1871 auch literarisch alles aufgeboten, was dieser friderizianisierten Sicht der deutschen Geschichte im Sinne des Protestantisch-Preußischen, Militaristisch-Chauvinistischen und schließlich Imperialistischen dienlich sein konnte, ob nun Lessings *Minna von Barnhelm*, Goethes Äußerung, daß er als junger Mann stets "fritzisch" gesinnt gewesen sei, oder Kleists *Prinz Friedrich von Homburg*, in dem der Große Kurfürst einen jungen Prinzen genauso zur Staatsräson erziehe wie der Soldatenkönig den jungen Friedrich erzogen habe, weshalb dieses Stück (unter Auslassung der Todesfurchtszene) zum Lieblingsstück Wilhelms II. avancierte. Die Hofkreise forderten daher die jungen Dichter nach 1871 immer nachdrücklicher auf, sich in den Dienst dieser Sicht zu stellen und in ihren Werken Friedrich den Großen als eine vorbildliche Gestalt herauszustreichen (allerdings immer in einer den Hohenzollern genehmen Form, das heißt ohne den geringsten Anflug von Kritik oder auch der

Darstellung irgendwelcher inneren Konflikte, welche von der vorbildlichen Gestalt dieses Königs ablenken könnten).

Neben dem sogenannten Militärstück, in dem einzelne Schlachten Friedrichs II. glorifiziert wurden, erwies sich als die geeignetste Form solcher Friedrich-Spektakel das vom Hof geförderte Festspiel. Die meisten dieser Festspiele, bei denen entweder ein revueartiger Charakter in Form lebender Bilder oder eine dialogisierte Szenenfolge mit den Hauptmomenten aus dem Leben Friedrichs vorherrschte, wurden im Königlichen Opernhaus, in den Krollschen Festsälen, im Berliner Stadtschloß oder im Sanssouci aufgeführt. Bei manchen trat sogar Wilhelm II. selber in friderizianischem Kostüm auf oder trug zumindest von Hofdichtern wie Max Grube verfaßte Gedichte zu Ehren Friedrichs II. vor. Wohl das beste Beispiel eines solchen Friedrich-Spektakels ist jenes Festspiel, das 1895 zu Menzels 80. Geburtstag auf der Bühne der Krollschen Festsäle aufgeführt wurde. Über das Schlußbild, das eine "Apotheose auf die Kunst Menzels" darstellte, heißt es hier in einem der vielen Festberichte:[5]

> Auf dem Gipfel eines pyramidenartigen Aufbaus stand Friedrich der Große und auf den Stufen waren in geschmackvoller Weise zahlreiche Gestalten aus Menzelschen Bildern gruppiert. Die Musik intonierte die Nationalhymne. Da erhob sich der Kaiser und mit ihm alle Anwesenden. Der große Friedrich hatte sein Piedestal verlassen und war langsam die Stufen herab bis an den Rand der Bühne auf den vor ihm sitzenden Jubilar zugeschritten, dem er nun in Person seine Glückwünsche darbrachte. Dann erteilte er den drei Schauspielerinnen, die zu Beginn des Festspiels die Genien der Natur und Kunst und die Muse der Geschichte verkörpert hatten, den Auftrag, dem "Monsieur Menzel" einen Lorbeerkranz zu überreichen. Damit erreichten die Ovationen ihren Höhepunkt, und Menzel wurde in die kaiserliche Loge befohlen, um die persönlichen Glückwünsche der Majestäten entgegenzunehmen.

Einen ähnlichen Charakter hatte das Festspiel *Hohenzollern* von Axel Delmar, das 1901 zur Zweihundertjahrfeier des Königreichs Preußen in Berlin aufgeführt wurde, wo in der Friedrich-Szene der "Choral von Leuthen" erklang und am Schluß, als auf der Bühne Anton von Werners *Kaiserproklamation in Versailles* als lebendes Bild erschien, die Hymne "Heil Dir im Siegerkranz" angestimmt wurde. Noch ärger war der Friedrich-Rummel im Jahr 1912, als sich Friedrichs Geburtstag zum 200. Male jährte und im Königlichen Opernhaus das Stück *Der große König* von Joseph Lauff in Szene ging, das sich in seinen byzantinistischen Entmündigungsformeln kaum überbieten läßt.

Ebenso beliebt war in diesen Jahren das friderizianische Anekdotenstück,

---

[5] Abgedruckt in *Kunstchronik* (1898/99), S. 169.

in dem Friedrich II. den ganzen Tag nichts anderes als Gutes tut, das heißt Mißstände aufdeckt und Wunder an Gerechtigkeit vollbringt. Im Gegensatz zu den anderen Friedrich-Dramen wurde jedoch auf diesem Gebiet auch das Erheiternd-Populäre, ja Komödiantische nicht ganz unterschlagen. Allerdings hielten Hof und Zensur hierbei stets ein Auge darauf, daß im Hinblick auf Friedrich die nötige Würde gewahrt blieb — indem der "große König," wie in Lessings *Minna von Barnhelm*, entweder gar nicht auftrat oder sich am Schluß lediglich als Deus ex machina zeigte.[6]

Ein weiteres Genre solcher wilhelminischen Friedrich-Dramen waren die sogenannten "Problemstücke," welche die Friedrich-Figur in den Mittelpunkt ihrer Handlung rückten und vor allem ihre Erziehung zu Pflichtbewußtsein, Staatsräson und Realpolitik darzustellen versuchten.[7] Für diesen Stücktyp liefern *Friedrich Wilhelm I. und der Kronprinz Fritz* (1893) von Ernst Krumbhaar, *Der junge Fritz* (1898) von Ferdinand Bonn, *Haus Hohenzollern* (1900) von Gustav Weck und *Friedrich der Große* (1902) von Otto von der Pfordten wohl die lehrreichsten Beispiele, die alle den Vater-Sohn-Konflikt thematisierten und dabei die steigende Einsicht des jungen Friedrich in die staatlichen Notwendigkeiten demonstrieren wollten. Doch trotz ihrer geradezu servilen Loyalität hatten es manche dieser Strücke in Preußen nicht leicht. So sahen es die dortigen Behörden zwar gern, daß ein Mann wie Katte in Bonns Stück *Der junge Fritz* kurz vor seinem Tod folgendes leidenschaftliche Bekenntnis zu einem durch Preußens Stärke vereinten Deutschland ablegt:[8]

> Unsre Nachbarn freuen sich unser zerstückten Kraft, und solange nicht ein deutscher Stamm die Führung übernimmt, bleiben wir Knechte. Jetzt wird mir klar, daß wir die Führer sein müssen. Preußen braucht einen großen König, damit Deutschland durch Preußen groß wird.

Solche Sätze waren den regierenden Hohenzollern und ihrem Troß sicher aus dem Herzen gesprochen. Die sich daran anschließende Passage, in der Friedrich voller Wut über die Hinrichtung Kattes seinen Vater als "Mörder" und "Henker" bezeichnet, fanden sie dagegen so bedenklich, daß sie dieses

---

6 Vgl. hierzu den materialreichen Aufsatz von Lothar Schirmer, "Friedrich der Große als Theaterheld," der vor allem das Militär- und Anekdotenstück behandelt. In: *Preußen. Versuch einer Bilanz*, Bd 4 (Reinbek: Rowohlt, 1981), S. 229-247.

7 Vgl. hierzu Heinrich Stümcke, *Hohenzollernfürsten im Drama. Ein Beitrag zur vergleichenden Literatur- und Theatergeschichte* (Leipzig: Georg Wiegand, 1903), S. 235ff., *Lexikon historischer Ereignisse und Personen in Kunst, Literatur und Musik*. Hrsg. Erwin Heinzel (Wien: Hollinek, 1956), S. 213ff. und Elisabeth Frenzel, *Stoffe der Weltliteratur* (Stuttgart: Kröner, 1962), S. 193ff.

8 Zitiert in Schirmer, S. 236.

Stück schweren Herzens verboten.

Doch die eigentliche Kritik an dem hohenzollernfrommen Friedrich-Bild der wilhelminischen Ära hatte ganz andere Ursprünge. Einerseits kam sie von seiten der ultrarechten völkischen Opposition, wie sie sich beispielsweise in dem Buch *Der preußische Stil* (1912) von Arthur Moeller van den Bruch niederschlägt, in dem als wahrhaft "preußisch" lediglich das Harte, Spartanische, Pflichtbetonte, Antikisch-Klassizistische gilt und daher Friedrich II. wegen seiner Rokoko-Allüren eine weibische "Französelei" vorgeworfen wird, andererseits von liberaler Seite (wie dem Spott des *Simplicissimus* auf hohenzollernverkultende Künstler wie Reinhold Begas, Anton von Werner, Ernst von Wildenbruch und Konsorten) oder von sozialdemokratischer Seite, wie in Franz Mehrings *Lessing-Legende* (1893), wo im Gegenzug zur wilhelminischen Friedrich-Legende geradezu alle preußenfeindlichen Zitate älterer Aufklärer wie Winckelmann, Herder und Lessing aufgeboten werden, in denen Friedrich II. als "Schinder der Völker," seine gewonnenen Schlachten als "Pyrrhussiege" und sein Staat als das "sklavischste Land Europas" bezeichnet wird, um so neben das Bild des schwarzweißroten Preußen das Bild eines deutlich "eingeschwärzten" Preußen zu stellen.[9]

Diese linke antiwilhelminische Kritik wurde jedoch von der bürgerlichen Literatur der Jahrhundertwende kaum aufgegriffen. Und so kam es vor allem in den Jahren 1912 (Zweihundertjahrfeier von Friedrichs Geburtstag), 1913 (Jahrhundertfeier der Völkerschlacht zu Leipzig) und 1914 (Ausbruch des Ersten Weltkrieges) zu ständig neuen Orgien einer massiven Friderizianisierung der deutschen Geschichte. Weder von den "französelnden" noch von den "repressiven" Aspekten seines Regimes war jetzt die Rede, sondern allein von seinem Pflichtbegriff, seiner Einsicht in die Staatsräson, seiner Rolle bei der "Volkwerdung der Deutschen" und schließlich — nach Kriegsausbruch — seiner Vorbildlichkeit als Schlachtenlenker, seinem Kampf gegen die "Einkreisung" Deutschlands und vor allem seiner heroischen "Durchhaltemoral," mit der er alle damaligen Herrscher sowohl politisch als auch menschlich zutiefst beschämt habe. Gerade in diesen Jahren fehlte es daher nicht an literarischen Werken, die man wie einen Tribut auf den Altar des Vaterlandes legte, um sich dieser Tradition als würdig zu erweisen.

Allerdings kam es dabei auf dem Feld des Dramas abermals zu dem bereits erwähnten Widerspruch zwischen bürgerlichem Byzantinismus auf der einen und höfischer Borniertheit auf der anderen Seite. So schrieb etwa

---

[9] Franz Mehring, *Die Lessing-Legende. Eine Rettung* (Stuttgart: J. H. W. Dietz, 1893), S. 11ff.

Paul Ernst 1914/15 ein Drama unter dem Titel *Preußengeist*, in dem es wiederum um die Erziehung des jungen Friedrich durch seinen Vater zu preußisch-deutscher Staatsräson geht und wo der Soldatenkönig, nachdem ihm dieser Trainingsakt geglückt ist, am Schluß voller Stolz von seinem zu einem würdigen Staatslenker herangereiften Sohne sagt, als wolle er sich wie Bonns Katte bereits zu einem durch Preußens Stärke vereinten Deutschland bekennen:[10]

Er wird der Diener seines Volkes sein
Und tun, was recht. Sein Volk wird von ihm lernen
Und tun, was recht. Und wenn nach langen Jahren
Knechtschaft und Lüge einst das Volk bekriegen,
Dann fühlen königlich im Volke Alle,
Und Jeder hat sein eigen Ich vergessen
Und tut, was recht, und weiß nur seine Pflicht:
Er kämpft für Freiheit und Gerechtigkeit.
Und staunend stehen alle andern Völker
Vor diesem Volk, das recht tut; und ein Sturm
Geht vor ihm her, der Alles niederwirft.

Ja und dann geht der Soldatenkönig sogar noch einen Schritt weiter und bekennt sich zu jener wilhelminischen Kulturmission und Platz-an-der-Sonne-Politik, die in den Jahren 1914/15 so manchen deutschen Dichter zu einer schwungvollen Emphase hinriß:

Und so, wie du, mein Sohn gestorben bist,
In deinem alten Menschen, und als neuer
Nun auferstanden, werden alle Völker
Durch diese sterben und neu auferstehn.
Tot ist dann Lüge, Knechtschaft, List, Gewalt,
In Wahrheit lebt die Welt dann und in Pflicht;
Mit goldnen Pfeilen das erschrockne Dunkel
Zur lügnerischen Unterwelt verjagend
Steigt donnernd hoch am morgendlichen Himmel
Die deutsche Sonne für die ganze Welt.

Doch auch die Aufführung dieses Stücks wurde von Wilhelm II. für Preußen höchstpersönlich verboten, da "Majestät," wie es hieß, "einen tragischen Konflikt aus dem Leben Allerhöchst ihrer Vorfahren überhaupt nicht auf die Bühne gebracht zu sehen wünschen." Ein ähnliches Schicksal hatte das Drama *Friedrich. Kronprinz von Preußen* (1914) von Emil Ludwig, in dem wiederum der alternde Soldatenkönig seinen erstgeborenen Sohn zum "Preußengeist" erzieht, das erst zwei Jahre später außerhalb

10 Paul Ernst, *Dramen*, Bd 3 (München: Albert Langen/Georg Müller, 1933), S. 137.

Preußens, und zwar in Hamburg, uraufgeführt werden konnte. Herbert Eulenberg hatte dagegen mit seinem Einakter *Der Morgen nach Kunersdorf* (1914), wo sich die geschlagene Armee erneut um ihren König gruppiert und bereit ist, für ihn ihren letzten Blutstropfen zu vergießen, keine allzu großen Schwierigkeiten.

Von solchen Gefühlen wurden im August 1914, wie gesagt, fast alle deutschen Autoren mitgerissen. Selbst der witzig-ironische, aber zutiefst monarchisch-konservative Thomas Mann steuerte damals mit seiner Schrift *Friedrich und die Große Koalition. Ein Abriß für den Tag und für die Stunde* (1916) sein Scherflein zu dieser Welle bei. Nachdem hier Friedrichs erratisches Verhalten zuerst psychologisch, und zwar aus seiner fehlgeleiteten Erotik und der daraus resultierenden Misogynie abgeleitet wird, stellt auch Thomas Mann seinen Friedrich als jenen "Deutschen" hin, der durch seine "Zähigkeit" einen "ganzen Erdteil" gedemütigt und jenen Weg für Preußen, ja für "Deutschland" freigehauen habe, "welcher sich hinfort," wie er beteuerte, "als ein Weg erwies, so steil und schicksalsvoll, an mächtig erzieherischen Wendungen so reich wie keiner, den ein Volk je gegangen". Ja, Mann behauptete hier von Friedrich:[11]

> Er war ein Opfer. Er meinte zwar, daß er sich geopfert habe: seine Jugend dem Vater, seine Mannesjahre dem Staate. Aber er war im Irrtum, wenn er glaubte, daß es ihm freigestanden hätte, es anders zu halten. Er war ein Opfer. Er mußte unrecht tun und ein Leben gegen den Gedanken führen, er durfte nicht Philosoph, sondern mußte König sein, damit eines großen Volkes Erdensendung sich erfülle.

Statt also weiterhin an Friedrichs "Janusköpfigkeit" festzuhalten und zwischen Friedrich dem Schlachtenlenker und Friedrich dem musisch begabten Aufklärer einer klaren Trennungsstrich zu ziehen, wie das selbst Franz Mehring in seinem Nachruf auf Menzel getan hatte, der 1905 in der *Neuen Zeit* erschien,[12] wurde durch solche Schriften und viele andere dieser Art die Basis zu jener rein monarchisch-orientierten Fridericus-Legende der zwanziger Jahre gelegt, ja sogar schon jener faschistischen Mythisierung dieser Gestalt vorgearbeitet, die ihren Höhepunkt im Jahr 1940 erlebte, als die 200. Wiederkehr von Friedrichs Machtergreifung im Zeichen seiner ganz Europa in Staunen versetzenden Schlachtensiege und zähen Durch-

---

[11] Thomas Mann, *Altes und Neues. Kleine Prosa aus fünf Jahrzehnten* (Berlin: Aufbau-Verlag, 1956), S. 126.

[12] Franz Mehring — wie immer bemüht, alles Gute aus der Vergangenheit in eine bessere Zukunft zu "retten" — setzte daher den Friedrich des "verklärenden Lichts" scharf von dem Friedrich des "verwüstenden Krieges" ab. "Zum Tode Menzels," In: *Die Neue Zeit* 23 (1904/5), Bd 1, S. 669.

haltemoral gefeiert wurde, wodurch nicht nur Bismarck und Hindenburg, sondern auch und vor allem Adolf Hitler den Nimbus eines der würdigsten Nachfolger dieses großen Königs erhielt.[13] "Was der König eroberte," hieß es jetzt, "der Fürst formte, der Feldmarschall verteidigte, rettete und einigte der Soldat": nämlich das eine große deutsche Reich.[14]

---

13 Vgl. das Vorwort Hermann Görings zu dem Band *Das Bildnis Friedrichs des Großen. Zeitgenössische Darstellungen.* Hrsg. Arnold Hildebrand (Berlin: Nibelungen-Verlag, 1942), S. 1.

14 Vgl. hierzu den Anfang meines Aufsatzes "Fridericus Rex. Das schwarze Preußen im DDR-Drama." In: *Drama in der DDR*. Hrsg. Ulrich Profitlich (Frankfurt: Suhrkamp, 1986), S. 258ff.

Gedichte

EDWARD DVORETZKY

University of Iowa

DUNKLE GLUT

In den Adern starrte mir das Blut
bis im Schleier der Nacht
der Gedanke wütete
und draußen der heftige Sturm
im Gewölke krachte
und eine Donnerstimme sprach.

Glut auf der Stirne.
Der Schnee ihrer Brust
feucht von warmen Tränen.

Morgen
dunkelrot
schwül.
Zirpende Vögel
auf dem Rücken leichter Winde.
Der Gedanke seufzt.

An jenem Ufer
verklärt
die schwarze Flamme
der vorigen Nacht.

DIE LIEBE

Vor ungestümer Wut
und in der Hitze seiner Ungeduld
siedet er.

Endlich erscheint sie
und Hand in Hand
wandern sie
im knisternden Wald
des Spätherbstes.

Auf einmal beugt sie sich
nach vorne hin
und hebt auf
mit weißzärtlicher Hand
einen Babykiefernzapfen
den sie traurig
mit nach Hause bringt
und mit Tränen der Liebe
sorgfältig aufbewahrt.

ROTER WEIN

Durch offene Tür
kommt Elias herein
und setzt sich.
Auf dem Tisch
ein volles Glas Wein
ihm zu Ehren.

Verlassen auf kalter Höhe
blökt ein geschorenes Passahlamm.

SO IST ES

Schreiende Stimmen
dringen schwächlich
in den bemoosten Saal
hinter dem eisernen Tor.

Am schweren Tisch
durch die untilgbare Tinte
unzähliger Jahre
ganz durchfleckt
der Greis
kahl bis auf weiße Härchen
die aus toten Gehirnwurzeln
langsam dahinwelken.

In der linken Hand der Wein
den seine Vorfahren getrunken haben.

Die nichtsbegreifenden Augen
tief in die Höhlungen eingefallen
heilig gerichtet auf die Feder
und das Hingekritzelte
SO SEI ES!

AUFERSTANDENER TOD

Von einem höllischen Hohngelächter
schallt meine Seele wider.
Der Nordwind heult
und das heilige Feuer der Liebe droht
auszugehen.

Ein Blitz nur
und die Ernte wäre dahin
die jungen Bäume
Blüte und Frucht
vernichtet
und der Acker verwandelt in Fels.

Löscht der kalte Regen das Brandmark der Sünde
nicht aus?

Meine Klagen sind ja nur Tränen
die den Kelch des Lebens
in den Schoß der Erde ausleeren
sie von neuem befruchten und schwängern--
Die schwarze Fahne der Nacht:
ein verdorrter Stamm
im Morgengrauen.

LEBENSSÄFTE

Den Winden ausgesetzt
zittern ängstlich die Äste
genährt vom Sauerregen
der vom Himmel hoch herkommt.

Langsam verfressen
von häßlichen Insekten
die ihren Lebenssaft
aus trockener Rinde saugen
und doch nicht aussterben.

Ach Gott! wo nehmen wir her
Blut
wenn auch das austrocknet
und schwarz wird
in der Hitze des Gefechts?

NEUE VERBUNDENHEIT

Unter dem Joch
furchtbarer Schmerzen
seufzen schweigend
die Lippen--
die adrigen Augen
wälzen weit hervor,
der Tränen nicht fähig.

Gehüllt ins Dunkel
einer schwarzen Mitternacht
tobt die Seele einen Sturm.

Alles hallt von Wehklage--
die Erde hat uns wieder.

HEISSE NACHT

Die Nacht war stürmisch
leidenschaftlich rot.
Und auf wunderbare Weise
zitterte der Kerzenschein.

Aus dem Bett stand er auf --
ihm graute es vor dem Morgen
der ächzende Blätter
durch die Fenster blies.

Ihr bloßer Anblick
trieb ihm das Blut zum Herzen
und er lachte
lange, hart und laut.

MEISTERSTÜCK

Aus dem schleimigen Sekret
seiner sickernden Giftdrüsen
spinnt der Bewarzte
mit seinen langen Beinen
sein grinsend Maschenwerk
und klebt sich blindlings
an sich selbst.

FRUCHTBARKEIT

Sie leben in den schwarzen Schatten der Nacht
wo die Frösche einander anquaken
unter verschimmelten Pilzen.

Sie lieben in den schwarzen Schatten der Nacht
in der ewigen Taufeuchtigkeit dichter Pflanzen
wo die Töne der Spottdrossel
in die Fruchtbarkeit nie eindringen.

KARTOFFELAUGEN

Unerhört, wie er da sitzt
und Kartoffeln schält.
Auf einer alten Zeitung angehäuft
sehen sie ihn mit vielen Augen an.
Daneben aber Radiomusik
die die Arbeit erleichtert
während im Nebenzimmer
eine Standuhr weiter tickt
unaufhörlich.

LEBENSLAUF

Sehr gespannt
vor dem Telefon
saß sie wie auf Kohlen
hoffte und betete
erwartete
wartete
ward.

UNAUFHALTSAMER WELTLAUF

Ein Gerippe steht
auf der Bühne der Welt und
spielt eine Geige.

Eine Schallplatte dreht sich
nun in ewigen Kreisen.

Aggression and Dialogue in Goethe's *Iphigenie auf Tauris*: Competing Principles of Societal and Personal Intercourse

EDWARD LARKIN

University of New Hampshire

One significant dimension of literature includes the author's attempt to present the reader with varied responses to specific facets of the human condition. These responses are crystallized in themes and motifs and illustrate a particular attitude toward the possibility of self-realization. They reflect constants in human volition, sensation and imagination, and offer, despite objections from some quarters of the scholarly community, fertile avenues for the investigation of texts. Their study reveals underlying structural principles and offers the reader a concrete starting point for reflection in a purportedly undecipherable mass of words.

Since motif studies are beset by terminological disputes, it is best that I briefly recount two predominant usages of the term motif.[1] On the one hand, a motif is said to be the smallest element in a text which can persist in tradition. As its Latin root suggests, the motif moves the central action along. Though small (but not blind), it is still powerful enough to dominate the development of the narrative and influence the outcome of the text. The stepmother motif, for example, already implies the mistreatment of the stepchild. On the other hand, there is also a less powerful type of motif. This motif often conveys the appearance of a specific substance (heart,

---

[1] For an introduction into the nature and difficulties surrounding motif studies, see Ulrich Weisstein, *Einführung in die Vergleichende Literaturwissenschaft* (Stuttgart, Berlin, Cologne, Mainz: Kohlhammer, 1968), pp. 163-183; Adam John Bisanz, "Zwischen Stoffgeschichte und Thematologie. Betrachtung zu einem literaturtheoretischen Dilemma," *DVjs*, 47 (1973), 148-166; Elisabeth Frenzel, *Stoff- und Motivgeschichte* (Berlin: Erich Schmidt Verlag, 1976); Horst and Ingrid Daemmrich, *Wiederholte Spiegelungen. Themen und Motive in der Literatur* (Munich, Bern: Francke, 1978); Manfred Beller, "Thematologie," in *Vergleichende Literaturwissenschaft: Theorie und Praxis*, ed. Manfred Schmeling (Wiesbaden: Akademisches Verlagsgesellschaft Athenaion, 1981), pp. 73-97; Theodore Ziolkowski, *Varieties of Literary Thematics* (Princeton: Princeton University Press, 1983); Horst and Ingrid Daemmrich, *Themes and Motifs in Western Literature. A Handbook* (Tübingen: Francke, 1987).

horse, window, circular path, even teeth). It may recur in the same form, or it may form part of a larger sequence (ship — shipwreck/harbor; heart — hand). Alternately, it may consist of a series of similar or contrasting referents. This motif can also appear as a repeated situation. While one can often follow its development and usage in literary history, its particular significance lies in the fact that it recurs within a literary text (much like its counterpart in music the so-called "leitmotif") and fulfills identifiable textual functions. Motifs support the development of the theme or central idea. They visualize the theme. They add concrete details to thought. In *Faust*, for example, Goethe develops the theme of the quest for self-knowledge through the motif pair fog/light, a sequence which includes allusions to fog, haze, and steam. The recurrent images of ferility and natural or architectural regeneration forcefully support the theme of the possibility of societal renewal in *Hermann und Dorothea*. The theme of the loss of freedom in *Götz von Berlichingen* is illustrated by images of confinement ranging from Götz's own armor to his withdrawal into his besieged castle. Through repetition and recurrence at crucial points in a text, the motif draws the reader's attention. It acts as a textual organizer and suggests how the author views the problem under consideration.

As my title suggests, I see in Goethe's *Iphigenie* a pattern of references to and instances of aggressive behavior and another of attempts, both failed and successful, at verbal communication or dialogue. By means of this well-defined series of contrasting images and situations, Goethe thematicizes the problematic of societal transformation and individual autonomy. These two motif series circumscribe the conflict between the two competing principles of social organization. In other words, the drama plays out the confrontation between the legitimacy of force and the possibility of open and honest communication as the basis of societal and personal relations. The central events unfold in the language of the motif series. They provide alternate responses to Iphigenie's question which lies at the heart of the drama: "Was nennt man groß?"[2] The motifs also demonstrate both Goethe's idealism, i.e. his desire for humanity, and his realism, i.e. his recognition that in fact force often is the foundation of personal and social relations.

The motifs of aggression and dialogue are foregrounded in the opening scene of the play.[3] Iphigenie alludes to the masculinity of aggression when

2 *Goethes Werke. Hamburger Ausgabe in 14 Bänden* (Munich: Deutscher Taschenbuch Verlag, 1982), Vol. 5, verse 1895. Subsequent reference to this text is cited by verse line in the text.

3 Other scholars have also pointed to the instances of dialogue and truthtelling in this drama. See for example Peter Salm, "Truthtelling and Lying in Goethes

she laments: "Zu Haus und in dem Krieg herrscht der Mann / Und in der Fremde weiß er sich zu helfen" (25-26). War represents a common avenue for self-fulfillment for men.[4] As Iphigenie's long captivity suggests, women are politically helpless. Personal and political autonomy lies beyond their capability. Their field of actuality is communication: Iphigenie is a medium between the gods and the political leaders of Tauris. Yet she fulfills this role unwillingly:

> O wie beschämt gestehe ich daß ich dir
> Mit stillem Widerwillen diene, Göttin
> Dir meiner Retterin! (36-38)

She would clearly rather be with her family in Greece. Her presence on Tauris is the result of the decision of the Greek military leaders to sacrifice her so that their armies would enjoy beneficial winds on their journey to Troy. Although she was spared, she remains a captive on Tauris. The opening scene then demonstrates the dichotomy but also the interrelatedness between the principles of aggression and dialogue.

Iphigenie's situation on Tauris is only one example of the aggression that marks both the Taurian and the Greek societies. The Taurians were recently involved in a war, as Arkas' expression of gratitude for Iphigenie's intercession with the gods indicates (57). The text also makes clear that Thoas himself has been to the temple to pray for victory (246). Moreover, Iphigenie's greeting of the king further indicates that war is a constitutive part of Taurian society. She states: "Mit königlichen Gütern segne dich / Die Göttin, sie gewähre Sieg und Ruhm" (220-221). Yet, while force is still clearly evident as a principle of social organization, it does seem to be on the wane. Iphigenie has been able to halt the sacrificial killing of strangers to the island, previously a precondition for victory, because of the king's affection for her. Her words — the opening of a dialogue — have to some extent placated the king. Moreover, the king himself expresses his weari-

---

Iphigenie," *GLL* 34 (1981), 351-358. Salm notes that through conversation social life is transformed. Burckhardt has hinted at the interrelationship between language and war in the text — "Sprechen . . . ist der ewige Gegenpol des Krieges." See Sigurd Burckhardt, "Die Stimme der Wahrheit und der Menschlichkeit: Goethes *Iphigenie*," *Monatshefte* 48 (1956), 71.

[4] For an analysis emphasizing Iphigenie's status as a woman, see Ritta Jo Horsley, "'Dies Frauenschicksal': A Critical Appraisal of Goethe's *Iphigenie*," in *Beyond the Eternal Feminine: Critical Essays on Women and German Literature*, ed. Susan L. Cocalis, Kay Goodman (Stuttgart: Akademischer Verlag Hans-Dieter Heinz, 1982), pp. 47-74. Horsley seems to overlook Iphigenie's struggle to tell the truth. She prefers to view Iphigenie's divulgence of Orest's plan as a "virtually constitutional inability to lie" (p. 73).

ness with war, in part because he has lost his only son and heir in battle (228-230).

But the tension in the text between dialogue, in the form of Iphigenie's pacifying influence on the king, and aggression as the foundation of relationships is not fully eliminated. Iphigenie fears that if she does not consent to become Thoas' queen, then he, Thoas, may force her to do so: "...sinnt er [Thoas] vom Altar / Mich in sein Bette mit Gewalt zu ziehen?" (195-196).

But aggressive behavior is not particular to the so-called barbaric Taurians as Iphigenie's account of the house of Tantalus, her family, makes clear. At the insistence of the king, she reveals her lineage, which includes the familiar instances of aggression: Thyest and Atreus, the sons of Pelops, murder their step-brother out of jealousy; then Pelops, thinking his current wife, Hippodamien, is responsible for that act, murders her; Atreus unwittingly kills his own son, who was sent by Thyest to murder him; in revenge Atreus destroys Thyest's sons and feeds them to him. So great is Thoas' horror at Iphigenie's description of these events that he, a seasoned warrior, exclaims: "Es sei genug / der Greuel!" (397-398). One might object that these events are included simply because Goethe was working with the same literary *Stoff*. However, Goethe's version of this myth deviates from Euripides portrayal, so that one should see the inclusion of these acts of aggression as significant in their own right.[5] They are evidential of the fabric of Greek society. But of greater importance for our discussion is the fact that Goethe presents the narration of Iphigenie's lineage in relation to an instance of truthtelling. For Iphigenie's revelation of her horrific ancestry seems designed less to inform the king of her origins than to disinterest him in her. As such, her speech is a dishonesty or deception. The king, however, is not deterred by the family curse and in his own markedly ineloquent manner asks her to be his queen. Since marriage to the king would preclude the possibility of returning to her homeland, Iphigenie retreats behind the words of the myth. She rejects the king's request to listen to his voice of reason and insists that her heart is the proper source of truth. Her refusal to accept his marriage proposal brings about the reinstatement of the sacrificial killings.

The conversations among Orest, Pylades and Iphigenie, which comprise the second act, further develop the conflict as delineated by the motifs of

---

5 Herbert Lindenau notes that Goethe's description of the myth of Tantalus far exceeds Euripides' description. See Herbert Lindenau, "Die geistesgeschichtlichen Voraussetzungen von Goethes *Iphigenie*. Zur Geschichte der Säkularisierung christlicher Denkformen in der deutschen Dichtung des 18. Jarhunderts," *Zeitschrift für deutsche Philologie* 75 (1956), 118.

dialogue and aggression. Orest no longer believes the words of the oracle, according to which he would be released from the torment of the Furies (for having murdered his mother) if he were to retrieve the statue of the goddess, Diana, Apollo's sister, from the temple at Tauris. He is firmly convinced of the inevitability of the family curse, a one-way conversation with the gods, which has determined him to be the medium of acts of aggression: "Mich haben sie [the gods] auserkoren, / Zum Mörder meiner doch verehrten Mutter." (707-708). In his view neither language, i.e. adherence to the words of the gods as a form of dialogue, nor force, i.e. the theft of the statue, provides an appropriate or even a possible avenue for self-development. As Iphigenie is constrained by external forces which deny her freedom and development, so Orest feels restricted by inner forces, the torment of the Furies, which deny his capacity for development.

Whereas Orest is neither hopeful of the efficacy of words (the possibility of a completed dialogue) or of deeds, Pylades, the epitome of self-confidence, trusts in the words of the oracle. He tells Orest:

> Apoll
> Gab uns das Wort: im Heiligtum der Schwester
> Sei Trost und Hülf und Rückkehr dir bereitet.
> Der Götter Worte sind nicht doppelsinnig. (610-613)

The words of the gods are not ambiguous to Pylades for he can manipulate them to suit his purpose. His claim that only blessings, and not curses, can be transmitted reflects his selective, overly-positive attitude toward the truth: "Es erbt der Eltern Segen nicht ihr Fluch." (717). In addition, he reiterates the view that force is a masculine quality and considers himself fortunate that a priestess (Iphigenie) resides in the temple:

> Wohl uns daß es ein Weib ist! denn ein Mann
> Der beste selbst, gewöhnt seinen Geist
> An Grausamkeit und macht sich auch zuletzt
> Aus dem was er verabscheut ein Gesetz,
> Wird aus Gewohnheit hart und fast unkenntlich. (786-790)

His conversation with Iphigenie is marked by allusions to deceit and aggression. He has no respect for the truth when it interferes with his interest, as his lie to Iphigenie about their real purpose in coming to Tauris demonstrates. As the first act ended with Iphigenie's fears about the reinstitution of the killings, the second act concludes with the revelation of Agamemnon's murder by Agisthes. Both acts are organized by exhibitions of aggressive behavior and instances where truthtelling is subordinated to personal interest.

The pivotal third act includes several attempts at duplicity and more evidence of the importance of truthtelling to the thematic development. Orest reveals to Iphigenie, that he is her brother and also the murderer of their mother, Clytemnestra. He confides to her: ". . . zwischen uns / Sei Wahrheit! / Ich bin Orest!" (1080-82). The importance of the lines is accentuated by their deviation from the full iambic line. Then after detailing in a language imbued with metaphors of aggression the extent to which the Furies have pursued him, Orest collapses in exhaustion. Upon awakening, he describes a vision in which the members of his family have apparently reconciled their differences: Atreus walks with Thyest and Clytemnestra extends her hand to Agamemnon. Aggression seems to have been overcome. Joyfully, he exclaims: "Wir sind hier alle der Feindschaft los" (1288).

To what can the cessation of the aggression be attributed? Is it an indication that Orest has in fact been released from the torment of the Furies? He reasons that the gods have decided to punish Tantalus for his alleged arrogance and rebelliousness. Thus the family curse has been lifted. His crime of matricide as well as the other familial acts of violence have been expiated. The curse, a false dialogue and the alleged source of their enslavement, is removed.

But surely Orest's respite is only visionary.[6] For upon seeing her brother (III, 3), Iphigenie makes no mention of a change. In fact, she continues to pray for his release. We would be wise to remember that Orest did not come to his senses until he had heard the reassuring words of Pylades:

---

6 Critics have offered a wide variety of explanations for the cause of Orest's healing. Storz attributes the healing to divine intervention: "...von oben her ist etwas Entscheidendes geschehen. Iphigenies Götter haben geantwortet." Gerhard Storz, "Iphigenie auf Tauris," in *Gerhard Storz: Goethe-Virgilien* (Stuttgart: E. Klett, 1953), p. 9. Staiger claims it is sleep: "die Gnade des Vergessens." Emil Staiger, *Goethe*, Vol. I (Zurich: Atlantis, 1952), p. 369. Rasch maintains it is an act of autonomy, self-healing: "ein autonomer Vorgang" (p. 125). Wolfdietrich Rasch, *Goethes Iphigenie auf Tauris als Drama der Autonomie* (Munich: C.H. Beck, 1979). Fowler argues that Orest is healed because he sees Pylades and Iphigenie as his father and mother and recognizes that he can indeed make restitution for his deed. Delusion leads him ultimately to see reality. Frank Fowler, "The problem of Orest: new light on *Iphigenie auf Tauris*," *PEGS* 51 (1981), 1-26; May suggests it is "Liebe und Wahrheit" which have recalled Orest from his path toward death." Kurt May, "Goethes *Iphigenie*," in *Form und Bedeutung: Interpretationen* (Stuttgart: E. Klett, 1957), p. 80. Henkel also speaks of a miraculous healing: "...eine wunderbare Heilung. Dazu wirkt vieles zusammen: Die desparatio salutaris, die Vision eines Jenseits der Schuld, die Fürbitte, die Sorge des Freundes..." Arthur Henkel, "Goethe — *Iphigenie auf Tauris*," in *Das deutsche Drama. Vom Barock bis zur Gegenwart. Interpretationen*, ed. Benno von Wiese, Vol. I (Düsseldorf: August Bagel, 1968), 182.

> Faß
> Uns kräftig an, wir sind nicht leere Schatten.
> Merk auf mein Wort: Vernimm es! Raffe dich
> Zusammen! (1335-1338)

Whereupon Orest exclaims to Iphigenie: "Laß mich zum erstenmal mit freiem Herzen / In deinen Armen reine Freude haben!" (1341-1342). But still she does not acknowledge his recovery. Why not? Perhaps because he has not really been healed yet. Healing requires a dialogue, at least with the self, if not with others. It presupposes the acceptance of responsibility for one's actions. Apollo promised release from the torment of the Furies only after Orest would have taken the statue of the goddess, his sister, from the temple. In addition, it hardly seems appropriate that Pylades, whose respect for the word, especially the truth, is hightly questionable, could be the mediator of attonement and the cause of Orest's recovery. It is true that Orest has overcome his languor and is now motivated to act: "Nach Lebensfreud und großer Tat zu jagen" (1364). But what is it that he is about to do? With Pylades' assistance he will have his sister lie to the king so that the prescribed sacrifices might be postponed, thus permitting their escape with the stolen statue. Despite Orest's admission of truth concerning his identity he continues on the familiar path of aggression: he is prepared to use force and deceit to obtain his goal.

Iphigenie, however, is aware of the interconnection between her brother's release from the Furies and her future lie to the king:

> Es greift die Furie
> Vielleicht den Bruder auf dem Boden wieder
> Des ungeweihten Ufers grimming an? (1412-1414)

She recognizes the debilitating effect of the lie: "O weh der Lüge! Sie befreiet nicht / Wie jedes andre wahrgesprochne Wort" (1405-1406). Nevertheless, when Arkas confronts her, she does tell the half-truth as instructed by Pylades. This further, more direct withdrawal from the truth should be proof enough to convince even the most adamant admirer of Iphigenie that she does not embody "reine Menschlichkeit" in the idealistic sense of the phrase. Her struggle toward the truth is a real and difficult one.[7] It is the Taurian Arkas, who had previously asserted the power of the

---

[7] Seidlin especially insists that the work denies any easy belief in man's perfection, maintaining that Orest with his failures is as much a part of humanity as is Iphigenie with her success. Oskar Seidlin, "Goethe's *Iphigenie* and the humane ideal," *MLQ* 10 (1949), 307-320. Hans-Georg Werner, on the other hand, maintains the play contains too much idealism and too little conflict: "denn in keinem anderen Drama hat Goethe mit derselben Konsequenz alles aus dem Weg geräumt, was das sittliche Wollen des einzelnen aufhalten müßte." Werner seems

word — "Ein edler Mann wird durch ein gutes Wort / Der Frauen weit geführt" (213-214) — who is able to effect a change in Iphigenie's heart:

> Von dieses Mannes Rede fühl ich mir
> Zur ungelegnen Zeit das Herz im Busen
> Auf einmal umgewendet. (1303-1305)

Iphigenie's resolution to tell the truth is soon tested when Pylades arrives with a further report of Orest's recovery: "Dein Bruder ist geheilt!" (1536). Of course, Pylades believes Orest is cured: Orest is now actively engaged in the conspiracy to return the designated statue to Greece. Iphigenie is unable to counter Pylades' rational, self-interested arguments. She can only claim that she feels that she must not lie: "ich fühle nur" (1650). The voice of the heart is again her guide. In her deliberation about what to do she again juxtaposes feminine communication with masculine deception and aggression:

> O trüg ich doch ein männlich Herz in mir
> Das, wenn es einen kühnen Vorsatz hegt,
> Vor jeder andern Stimme sich verschließt. (1677-1679)

Nevertheless, Pylades is able to convince her of the necessity of the false word. She must deceive the king. He states:

> Man sieht du bist nicht an Verlust gewöhnt
> Da du dem großen Übel zu entgehen
> Ein falsches Wort nicht einmal opfern willst. (1674-1676)

The fourth act concludes as Iphigenie recalls the "Parzenlied," which details the powerlessness of the individual in the determination of his own destiny. Iphigenie views the acts of force she experiences on the island as mirrors of a divine metaphysics, which militate against human effectuality:[8]

---

not to take seriously Iphigenie's struggle whether to reveal the escape plan. Hans-Georg Werner, "Antimonien der Humanitätskonzeption in Goethes *Iphigenie*," WB 14 (1968), 381.

8 The function of the gods has also been the subject of much debate. Pfaff maintains: "das Götterwort [verweist] die Menschen in allen ihren Angelegenheiten an sie selbst . . . Einer verantwortlichen Menschheit sind die Götter unnötig geworden." Peter Pfaff, "Die Stimme des Gewissens: Über Goethes Versuch zu einer Geneologie der Moral, vor allem in der *Iphigenie*," *Euphorion* 72 (1978), 28. On the other hand, Wittkowski insists that moral autonomy could not have been achieved without the inclusion of gods, portrayed as injust and evil: "die Menschen emanzipieren sich von den Göttern, ohne ideologisch darauf aus zu sein und ohne es gewahr zu werden." Wolfgang Wittkowski, "Tradition der Moderne als Tradition der Antike. Klassische Humanität in Goethes *Iphigenie* und Schillers *Braut von Messina*," in *Zur Geschichtlichkeit der Moderne. Der Begriff der literarischen Moderne in Theorie und Deutung. Festschrift für Ulrich*

Es fürchte die Götter
Das Menschengeschlecht!
Sie halten die Herrschaft
In ewigen Händen
Und können sie brauchen
Wie's ihnen gefällt. (1726-1731)

In the final act the friction between efforts at dialogue (weak though they may have been) and the instances of force reaches its culmination and resolution. Force has again become the guiding principle of Taurian politics. The king views the intrusion of Orest and Pylades onto the island as an act of war. He feels that Iphigenie has betrayed his affection, and so he has ordered the strangers to be seized (1782). Iphigenie on the other hand is equally determined to avert her brother's death and rebels against Thoas. To counter the reinstitution of the sacrificial slayings, which would doom her brother and Pylades, Iphigenie asserts herself and condemns the use of force: "Laß ab! beschönige nicht die Gewalt / Die sich der Schwachheit eines Weibes freut!" (1856-1857). She is aware that her only source of power is the word. But she is at best unsure of its efficacy: "Ich habe nichts als Worte und es ziemt / Dem edlen Mann der Frauen Wort zu achten." (1863-1864). Even at this late stage Thoas indicates a willingness to enter into a dialogue: "Ich acht es mehr als eines Bruders Schwert." (1865) But in their conversation, which contains no fewer that five references to "Gewalt" (1857, 1872, 1881, 1888, 1894), Iphigenie equivocates: "Sie sind — sie scheinen — für Griechen halte ich sie." (1889). The difficulty to state the truth cannot be overestimated. Ultimately, Iphigenie is able to overcome her own interest, and she reveals the plan to steal the statue of the goddess. She has spoken the truth and now has nothing to fall back on. She beseeches the king to celebrate the truth through her: "So zeigt's durch euern Beistand und verherrlicht / Durch mich die Wahrheit" (1918-1919).

This expression of truth is contextually contradicted by the sudden armed arrival of Orest, who is prepared to use force to seize the statue. In the conversation between Orest and Iphigenie the conflict between aggression and truth is explicitly laid bare:

Orest: Will er die Rückkehr friedlich uns gewähren?

Fülleborn, ed. Theo Elm, Gerd Hemmerich (Munich: Fink, 1982), p. 124. Dahnke does not believe that Iphigenie rebelled against the gods. The conclusion of the play, he contends, demonstrates a "Humanisierung der Menschen-Götter-Beziehung" as well as a "Humanisierung der zwischenmenschlichen Beziehungen." Hans-Dietrich Dahnke, "Im Schnittpunkt von Menschheitsutopie und Realitätserfahrung," *Impulse* 6 (1983), 31.

Iphigenie: Dein blinkend Schwert verbietet mir die Antwort.
Orest: So sprich, du siehst ich horche deinen Worten. (2009-2011)

Despite Orest's militant stance Thoas is still prepared to give dialogue another chance: "Keiner / Beschädige den Feind, solang wir reden." (2022-2023). Yet so ingrained is the military attitude that only Orest's presenting the sword of Agamemnon convinces Thoas that Orest is indeed the son of the great Greek king. Subsequently, Orest challenges Thoas. The king certainly has a right, indeed an obligation, to his people to defend the statue of the goddess, but his readiness to engage Orest in combat contains no such reference. He is motivated by the threat which Orest represents to his pride: "...doch ich stehe selbst / In meinen Jahren noch dem Feinde" (2061-2062). Orest's desire to settle the dispute by means of force is a further indication that no fundamental change has occurred in him. Iphigenie makes a final plea to prevent bloodshed, but the king no longer desires to negotiate. Words, even the truth, are of no avail. The issue must be settled by force:

Und hübe deine Rede jeden Zweifel,
Und bändigt ich den Zorn in meiner Brust;
So würden doch die Waffen zwischen uns
Entscheiden müssen. Friede seh ich nicht. (2097- 2098)

But Orest's novel interpretation of the oracular message, according to which he must return his *own* sister Iphigenie, not the statue of Apollo's sister Diane, to Greece in order to gain release from the Furies, allows that the statue of the goddess can remain on the island. The correct understanding of language, the completion of dialogue, renders acts of force unnecessary. The king no longer has a reason to fight or to continue to hold the Greeks captive. Orest's reading of the oracular prophecy is not only decisive in convincing the king to allow them to go free (not Iphigenie's speaking the truth as is often claimed) but also enables himself to recognize the manner of his cure. He has completed the dialogue with the gods. In so doing he effects the cure himself. The correct reading of the message is the emancipatory act that exculpates the guilt. It is evidence that he has come to a fuller understanding of responsibility for his actions. Clearly, Iphigenie was instrumental in his healing, as he claims — "von dir berührt / war ich geheilt" (2119-2120) — but his behavior with respect to acknowledging the king as a part of humanity, i.e. he is no longer interested in settling the matter by force and expresses a desire for peace, does not occur until this final dialogue, in which he encourages the king to subordinate force to the power of truth:

Gewalt und List, der Männer höchster Ruhm,

> Wird durch die Wahrheit dieser hohen Seele
> Beschämt und reines kindliches Vertrauen
> Zu einem edeln Manne wird belohnt. (2142-2145)

Iphigenie's example, of which Orest is cognizant, in which she acted against her own self-interest has enabled Orest to affirm the primacy of truthtelling over force. His own ablilty to interpret the oracular message is evidence that his crime has been atoned.[9]

The motif of truthtelling is unmistakably restated in the final scene when Iphigenie reminds the king of his promise to release her, should the opportunity to return to Greece present itself: "Denk an dein Wort." (2146). The

---

9 One of the first to acknowledge that *Iphigenie* could be seen in light of the emancipatory principles and quest for personal autonomy espoused during the Enlightenment was Wolfdietrich Rasch (fn. 6). He exaggerates, however, when he claims:

> Daß damit aber etwa die Konflikte überhaupt ausgeglichen, das Böse in der Menschenwelt vertilgt und ewiger Friede gestiftet wäre, eine solche utopische Vorstellung, die ganz ungoethisch ist, läßt sich niemals aus dem Drama herleiten. Auch jene viel bescheidenere Hoffnung auf eine Verminderung der lebens-feindlichen Mächte wird nicht ausgesprochen oder angedeutet, sondern es könnte sie, wer das will, höchstens der Dichtung abgewinnen. Was sie zeigt, ist nur dies, daß Humanität sich unter der furchterregenden Herrschaft machtbesessener und willkürlich handelnder Götter nicht verwirklichen läßt. (p. 187)

Borchmeyer seems closer to the mark. He maintains that Goethe later became more sceptical of the realization of humanity in social harmony. Nevertheless, the depicted solution is to be viewed as a "utopisches Signal" that approximates Schiller's "Ideal", i.e. "den nur in einer ins Unendliche fortschreitenden Annäherung realizierbaren Zustand des gewalt- und herrschaftsfreien Miteinanders" (p. 82). Dieter Borchmeyer, "Johann Wolfgang von Goethe. *Iphigenie auf Tauris*" in *Deutsche Dramen. Interpretationen zu den Werken von der Aufklärung bis zur Gegenwart*, Vol I, ed. Harro Müller-Michaelis (Königstein/Ts.: Athenäum, 1981), pp. 52-86. See also Pierre Grappin, "Die Idee der Entwicklung im Spiegel des Goetheschen Schauspiels *Iphigenie auf Tauris*," *Goethe Jahrbuch*, 99 (1982): "die Gestalt der Iphigenie . . . gehört eher in dem Zeitalter der Spätaufklärung als einer romantischen Welt." (p. 33) Segebrecht, views the text from a decidedly political perspective. See Ursula Segebrecht, *Iphigenie auf Tauris*," in *Klassik und Moderne. Die Weimarer Klassik als historisches Ereignis und Herausforderung im kulturgeschichtlichen Prozess*, ed. Karl Richter, Jörg Schönert (Stuttgart: Metzler, 1983), p. 190:

> So gibt das Drama also eine Umfassende Geschichtsdeutung: durch Anschauung der im Schicksalsglauben befangenen griechischen Welt, die die Grenzen des Menschseins am Helden vor Augen führt, gelangt es zum Bekenntnis der Möglichkeiten eines neuen (bürgerlichen) Menschseins, das Freiheit und Mitmenschlichkeit behauptet, um das den Fürsten auf seine ausschließlich repräsentative Rolle verpflichtet, wenn er an die Zukunft denkt.

king's consent to give the departing Greeks "ein holdes Wort des Abschieds" (2169) and his "Leb wohl" (2174) complete the dialogue. It suggests a victory, admittedly tentative, of truthtelling over force and tyranny as a basis for human intercourse.

The prominent theme in Goethe's *Iphigenie auf Tauris* is the examination of the foundation of social and personal relations. The two primary motif series, namely aggression and dialogue, support the theme and structure the text. The repeated incidents of aggression and the attempts at dialogue are unmistakable and seize the reader's attention. Aggression is manifest as war, physical and verbal acts of violence, murder, assassination, sacrificial slayings, invasion, self-defense and even cannabalism. The motif series of dialogue consists of attempts at honest communication, including dishonesty, deception, lying, scepticism concerning communication, self-interested communication, the voice of reason, the curse, truthtelling, speaking from the heart, and bidding farewell. These two motif series are not arbitrarily selected, but concretize the thematic concept. Themes and motifs are mutually dependent. The motifs indicate that Goethe sees the issue of personal and societal relations in terms of aggression and dialogue. They illustrate alternate responses to the questions of personal self-realization and societal configuration. They also accentuate the conflict and heighten the textual tension. Given the outcome of the text, it is fair to claim that the motif series suggest the possibility that relations may be founded on a principle other than that of aggression. At least on the abstract plane human action in the form of open communication is efficacious: nations and individuals can deal with one another on a basis other than force. But this sense of autonomy or self-determinability is fragile. For, while the two series generally stand in opposition to one another, it also occurs that their functions overlap: words, in the form of incomplete dialogue, function as a means of aggression, and aggression, in the form of self-defense, may promote truth.

The Misfits: Jews, Women, Soldiers and Princes in Fanny Lewald's *Prinz Louis Ferdinand*

HANNA B. LEWIS

Sam Houston State University

Fanny Lewald's historical novel *Prinz Louis Ferdinand* (1849) presents a series of characters who do not fit into the society of Wilhelmine Prussia. She herself was such a misfit — a converted Jew and an unmarried woman in her late Biedermeier world who defied convention by living out of wedlock with her married lover, art historian and teacher Adolf Stahr, until his divorce a decade later made their marriage possible.

Lewald was considered by many of her contemporary critics to be the leading German woman novelist of her day, and her reputation as an advocate of the right of women to have an education that would equip them to support themselves earned her universal respect. She was a friend of many of the leading intellectuals of her age from the liberals of the "Vormärz" group to the more conservative Bismarckian generation. Her salon in Berlin was respected and well-attended. Today she has caught the interest of modern historians because of her trenchant report of the 1848 Revolutions (*Erinnerungen aus dem Jahre* 1848 [1850]) recently reprinted, and of feminists for being the most sensible and relevant writer of the whole first generation of German advocates of women's rights. In a recent German radio series on the most important German women of the last two centuries, Gisela Brincker-Gabler concludes:

> Fanny Lewald hatte mit ihren pointierten Schriften zur Frauenfrage diese Verbesserungen mit durchsetzen helfen und in ihrem Leben selbst ein Stück Emanzipation verwirklicht. (*Frauen* 86)

Almost all of her novels are "Tendenzromane," i.e., deal with social problems as do her journalistic works. Her early novels, those of the 1840's, are particularly concerned with the problems of women and Jews. These are the novels with which contemporary feminist critics are most familiar. In later works such problems became less central, though still much in evidence, and her significant writings on women's issues are essayistic. In *Prinz Louis Ferdinand*, her first and last truly historical novel, facts and characters are sometimes distorted to enable her to criticize her society, a criticism presented more palatably by being of the previous generation.

Lewald had strong reasons for her usual avoidance of the historical novel as she expressed through the medium of the hero of one of her earlier novels, *Eine Lebensfrage* (1845). Alfred von Reichenbach is one of those gentleman-estate-owner poet-writers so beloved by the novelists of Lewald's day. He states her own pragmatic view of the role of those novelists, which is far different from those of the Romantics, with their attempts to write a better *Wilhelm Meister*:

> Ich meine aber, der Beruf eines Dichters lege ihm in den verschiedenen Zeitaltern und Ländern verschiedene Pflichten auf. In Ländern, in denen das Volk selbstregierend Theil an allen Zeitinteressen, wo die Unterhaltung darüber von dem Palast bis in die Hütte dringt, wo jeder die Gegenwart kennt, da darf der Dichter sich in poetischer Betrachtung der Vergangenheit zuwenden, denn die Arbeit des Tages wird gethan. Er darf die Vergangenheit erläutern und verklären, aus der die beglückende Gegenwart geboren ward. Das that [Sir Walter] Scott in dem Sinne der Partei, der er angehörte; das thaten manche unserer Dichter mit grossem Glück und Erfolg. Doch dünkt es mich augenblicklich in Deutschland eben nicht Zeit dazu zu sein. (I, 201)

Lewald felt that contemporary problems in Germany were far too significant for her to look back to past glories. The English, with their parliamentary monarchy, the French, after their various revolutions, could indulge in historical fiction, but the Germans, trapped in the despotism of the *Vormärz* could not afford such a luxury. Prophetically, Lewald's hero referred both to the chiliastic literature of the German Romantics and their followers, and to the nationalistic literature of the Nazi period, when he concludes:

> Unser deutsches Volk schwelgt gar zu gern in der Poesie der Vergangenheit und in nebligen Hoffnungen einer glücklichen Zukunft, die nicht kommen wird, wenn man sie nicht mit dem Aufwande aller vereinten Kräfte erschafft. (I, 203)

In Prince Louis Ferdinand of Prussia (1772-1806) and Rahel Varnhagen von Ense (1771-1833), Lewald had two protagonists who were among the most charismatic and romantic figures of the previous generation of German society, about whom everyone knew something (and assumed more), whose relationship would be the perfect framework for a *roman à clef* of the Napoleonic era.

Although the depiction of the character of Rahel was Lewald's initial impetus for writing the novel, Louis Ferdinand is the prime protagonist and the first misfit. He had been and was to be a very popular subject for German writers (Fontane, Fouqué and Unruh among others) filling the same role that Eugene of Savoy, "der edle Ritter," or Rupert of the Rhine did for the Austrians and the British. Some may consider his type — the artistic, frustrated younger son of the nobility or the prince without a job — a stereotype, but he is more of an archetype, as even more recent examples like Prince Andrew of England are constantly showing us. Since their lives are usually limited to ceremonial functions, only wartime gives such men a chance to show their mettle. Louis Ferdinand was the nephew of Frederick the Great, the cousin of Friedrich Wilhelm III, the reigning monarch in the novel, and a friend and close confidant of Karl vom Stein. To his contemporaries, the prince seemed the embodiment of the Romantic hero with all his virtues and flaws: courage, imagination, good looks, intelligence, and a strong artistic temperament; contrasted with recklessness, impatience and an inability to live the ordinary life.

Louis Ferdinand had much to offer his country, not only in his early realization of the dangers of Napoleon, but also in his suggestions of a Central European Union to oppose this threat. In 1804 he sent Graf Kleist von Mollendorf a recommendation for a union of Prussia and Austria to oppose this threat, which unfortunately was ignored until it was too late. He was an early Rudolf of Hapsburg, a closet liberal, and his friends and associates, Georg Foster, Schleiermacher, Fichte, Gentz, Bernhardi, the Schlegel brothers, the whole Berlin salon group were most distasteful to his stodgy cousin, whose main popularity with the people rested on his apparently blameless domestic life with the beautiful and much-beloved Queen Luise. The prince cannot really be considered a reformer — he died far too young — but under different circumstances and at a later period in German history, he could have become one. He certainly showed the liberal attitude and friendliness toward the aspirations of the bourgeoisie that such statesmen usually demonstrate.

Because of Queen Luise's fecundity, Louis Ferdinand had no possibility of ascending the throne and thus pursued his own artistic, personal and political life without much regard for public opinion. He had a definite talent for music, which could naturally not be cultivated to its fruition. He despised being subordinate to a man he felt to be his intellectual inferior and a vacillating and ineffectual king — an opinion shared by many. On his part, Friedrich Wilhelm thought that if Louis Ferdinand were a true Prussian patriot, he would submit to the will of the divinely appointed king, relinquish personal fame and not play the hero to an admiring audience. The king, being an absolute monarch, could easily state this, but Louis

Ferdinand resented his own actions being considered a play for personal acclaim.

Only a war could release him; his pleas for an active resistance to Napoleon were based not only on his romantic hatred of tyranny, but also on a personal desire for activity, especially heroic action. Lewald had read both Goethe and Kleist. Unlike the latter's Prinz Friedrich von Homburg, Louis Ferdinand never matures, because he was killed on the battlefield. In the letters he wrote before the Battle of Saalfeld (1806), it is obvious that he does not expect to survive, that indeed, his bravery is suicidal. In one of these, to Queen Luise, he concludes: "Ich werde mein Blut für den König und mein Vaterland vergießen, ohne jedoch einen Augenblick zu hoffen, es zu retten" (Scurla 105).

Elements of Goethe's *Egmont* are even stronger. For this reason, Lewald makes the premiere of this play in Berlin a major scene in the novel. Also historically, Rahel Varnhagen von Ense and her first salon were among the most enthusiastic promoters of Goethe's works in the Prussian capital.

Other Goethe influences are strong in this novel, and in all of Lewald's early novels, culminating in the four-volume family epic *Wandlungen* (1853). The similarity of the title to *Die Wahlverwandschaften* is no coincidence. This influence is more apparent in the choice of subject matter than in style. In the tradition of *Dichtung und Wahrheit*, Louis Ferdinand falls in love with a pastor's daughter, named appropriately (and historically) Henriette Fromm. After a lengthy idyll in the country, during which she bears him two children, he becomes bored with her innocence and insipidness. Lewald, always the pragmatist, sees clearly that Friederike-Clärchen-Gretchen types pall even more in a longer relationship than in a short affair. Louis Ferdinand pursues the pastoral life as part of his role, but is just as unsuited as country squire as he is as devoted quasi-husband and father. Actually he has a real wife and child of proper royal blood; the wife is ignored, the daughter used as the object of sentimental devotion on rare occasions. On his landed estate, he first plans to introduce grand changes and to make his permanent residence there (echoes of *Wilhelm Meister* here) but soon becomes impatient with the slowness of the progress and with Henriette's placid acceptance of the pace of rural life. The only person to understand him there is old Klaus, the shepherd, perhaps the most sensible character in the novel, even if he is another character straight from a Romantic novel — the hermit philosopher. Klaus is one who does not admire Frederick the Great; wars are destructive and the dreams of glory vanity. But he does understand that, for a man like Louis Ferdinand, war offers the only escape from a useless life. The prince's wild rides on his stallion, his excessive drinking and womanizing are the only outlets for his energy.

After temporarily abandoning Henriette, their two children and his estate, he embarks on a short ill-fated relationship with a country magistrate's wife, which is ended by an appeal by the cuckolded husband to the king. Louis is ordered back to Berlin and the unhappy lady dies of a broken heart. The prince's final romantic liaison is with Pauline Wiesel, an ex-actress from a good family, whom he considered the Josephine to his Napoleon. Again, the relationship is historically accurate, based on Louis Ferdinand's extensive correspondence with Wiesel, which Lewald had secured from Varnhagen von Ense, Rahel's widower, as well as Varnhagen's book about the prince and Rahel. Rahel was Wiesel's best friend and remained so through the rest of the latter's unhappy life. It is likely that the prince first introduced the two women. After Louis Ferdinand's death Wiesel stayed with the Varnhagens whenever she was in Berlin. Rahel was particularly attracted to her because she seemed to be the kind of free spirit Rahel would have liked to have been and was too inhibited to be.

Lewald's second misfit is doubly so: an unmarried intellectual woman in a society that considers a woman's most important functions to marry, breed successfully, and run an efficient household, not to think, and a Jew. Rahel Levin Varnhagen von Ense, the subject at present of numerous books and articles, was, along with Henriette Herz, one of the two most prominent salon hostesses of Berlin in the Wilhelmine period. Actually, Rahel had two salons, the first in her "Dachstübchen," when she was an unmarried woman in her father's house, lasted from 1789, when she was only eighteen, until 1806, when it was ended by the Napoleonic occupation of Berlin. This first salon consisted of a relatively small group of admirers and friends, attracted by the personality of Rahel herself. Still, the members included the Schlegels, the Humboldts, Tieck, others of the Berlin Romantics, theatre people, and of course, Prince Louis Ferdinand, a tremendous "catch" for any hostess. After the fall of Napoleon and the Restoration, Rahel's conversion to Christianity and marriage to Varnhagen von Ense, a different type of salon met in their home in Berlin. Now the circle was larger and less personal, unconstrained by her marital state, religion and limited financial means, and included not only many of her former admirers and such writers as Heine, but also philosophers and historians, notably Hegel, Ranke, and Gans. The second salon was less literary and more political, but it is with the first salon that the novel is concerned. To her coterie, Rahel was the ideal of the sentimental woman — a perfect blending of feeling and thought. She is the confidante of everyone in the novel as indeed, historically, Rahel was the unpaid counsellor of two generations of intellectuals. And in the limited scope permitted her, letters and diaries, she was an interesting and percipient writer.

Lewald wrote the novel partially as a vehicle for her portrait of Rahel. In 1831 when she made her first visit to Berlin from her native Königsberg, she had seen Rahel, an elderly lady with a distinguished face and expressive eyes, in her theater box. Fascinated by this specter from the past, the younger woman eagerly read Varnhagen von Ense's "Galerie von Bildnissen" when it appeared in 1836. She talked to many of Rahel's contemporaries and combined these sources for her novel. Varnhagen von Ense cooperated, but was far from pleased with the final result, since Lewald's portrait is not always flattering and more is made of the relationship with the prince than Rahel's husband liked. This is quite surprising since Rahel was to a large extent Lewald's role model, and identification with her is scattered throughout her personal letters, memoirs and other novels. The older woman was an idealized image of herself, beautiful, wise and beloved by everyone. At this period, Lewald despaired of ever marrying her lover, and Rahel's later marriage and happiness with Varnhagen von Ense was a comforting thought. Unfortunately, the Rahel of the novel comes off as a weak, rather than a strong character, a whiner, not an achiever.

Both in life and in the novel, Rahel's Judaism was a constant problem to her. Like many of her German Jewish contemporaries, she was not particularly devout and found her religion only an archaic obstacle to full social acceptance, an attitude with which Lewald could certainly sympathize (and had dealt with at far greater length in her earlier and semi-autobiographic novel, *Jenny* [1843]). Both women converted to Christianity as a matter of social expedience, as a large percentage of intellectual Jews were doing at the time. The emancipation of the Jews in Prussia in 1812 was largely a consequence of the Napoleonic Wars. With the Restoration came an increase of anti-Semitism and in 1822, a revoking of the privileges granted. Not until 1869 was universal "freedom of religion" legally guaranteed in Germany. The statutes of the "Christlich-Teutschen Tischgesellschaft" of Achim von Arnim forbade membership to women, Philistines, (i.e., liberals), Frenchmen and Jews. The conservative young Romantics directed their dislike of the reforms of Stein and Hardenberg against anything that smacked of Enlightenment. Lewald converted in order to become engaged to a young Lutheran minister, whom she never even married. Rahel converted on her wedding day to Varnhagen von Ense. The Mendelssohns present a striking example of such conversions. Moses remained Jewish, able to do so during the reign of Frederick the Great, whose "Schutzjuden" may not have been emancipated, but were accepted by the intellectual community. The next generation converted and the grandchildren (notably Felix) were Christian. In *Prinz Louis Ferdinand*, there is a discussion between Dorothea Mendelssohn Veit Schlegel and Rahel, based on their correspondence, in which Rahel bemoans her Judaism and Dorothea tries to persuade her to convert. Rahel realizes that Dorothea's conversion is not even based on expediency, but upon her infatuation with Friedrich Schlegel: her "Erlöser," her "Heiland," "der [sie] durch Liebe erlöste, [hieß] nicht Jesus Christus sondern Friedrich Schlegel" (126). Judaism has been sloughed off with her first husband. Rahel herself feels the appeal of Christ as one who died for love, but her own practical Jewish nature and rationality will not let her accept a religion based on unquestioning faith. She retorts:

> Eine Gnade? Nein, der Glaube ist Verständnis und Wissen! . . . mache mich klug wie dein Vater Moses Mendelssohn es war und enthülle mir die Geheimnisse der Natur, gib mir Einsicht und ich werde glauben aus Überzeugung, aus Wissen, unumstößlich glauben und beruhigt sein ohne Glück; . . . ich habe kein Talent zur Vielgötterei. (128-129)

As a daughter of the Enlightenment, she seeks reasonable answers and when conversion comes, it will be the result of social expedience, not religious fervor. Lewald herself was as skeptical of Christianity as of Judaism and considered her own baptism as "die einzige Lüge ihres Lebens" (König, 633).

Ironically enough, Rahel does not realize the freedom her religion unintentionally gives her. Lewald portrays her as loving the prince romantically, although there is no documented foundation for this, since the historical Rahel had deliberately burned most of the correspondence between herself and the prince to scotch any rumors. Varnhagen also resented the novel's romantic emphasis and was very cool toward its author after publication, although the book had been dedicated to him. Still the relationship between the protagonists, which Rahel considers so tragic, is only possible because of her faith. If she were not an "untouchable," he would have to make her his mistress and a pariah to her upright middle-class Jewish family. Her status as an object of veneration for her circle of admirers (who see her as a cult figure, a vestal virgin) would be lost. Marriage is completely out of question because of her rank and his own married state, prior to any religious considerations. As "die gelehrte Judenmamsell," she can be neither mistress nor wife and is therefore completely acceptable in the role he has assigned to her, his "moralische

Hebammme," as he referred to her in a conversation with their mutual friend, Friedrich von Gentz.

In typical mother fashion, Frau Levin pushes marriage. After all, this is the goal of all women, especially in the nineteenth-century novel. Rahel is already thirty and an "altes Mädchen" by the standards of the day. To be in such a position makes her even more of a misfit than her religion. Western society had no place for such women, unless they were independently wealthy. A lower class woman would become a drudge in a factory or a servant; a middle class woman had the options of becoming a governess or an unpaid servant in her own home, a problem Lewald was to address with thoroughness and practicality in her later emancipatory writing. Herself the eldest daughter in a large bourgeois family and unmarried, she was expected to remain at home and help her married siblings when necessary. Her career as a writer, by which she supported herself and, much later, her ailing husband and the children of his first marriage, met with hearty disapproval from her loving but domineering father. As Heinrich Heine stated later, "Der Taufschein ist das Entrébillet zur europäischen Kultur — für Juden; für die Frauen ist das der Trauschein" (*Frauen* 44).

Frau Levin claims that Rahel would not be constantly ailing if she were married; she is probably right. Rahel's ailments were in all likelihood a type of hysteria very common to the women of her day, as one can see by comparing her life to that of Elizabeth Barrett Browning and other family-cossetted invalids dominated by overbearing *patres familiae*. Whether Rahel really wants to leave her sheltered *Dachstübchen* is questionable. She had earlier become ill when wooed by a member of the Prussian nobility, Karl Graf von Finckenstein, and had broken the engagement after five years. Illness is once more her refuge when Louis Ferdinand becomes aware of her love for him. When he asks her, "Nicht wahr, Rahel, du liebst mich?" she falters, but finally her pride and good sense make her answer, "Ja, ich liebe Sie wie Ihr treuster Freund!" In the prince's reply, he shows both his hurt feelings and his acceptance of the situation by addressing her also as "Sie," but upon leaving her returns to "Du treuster Freund. Auf dich will ich zählen und an dir festhalten" (*Prinz Louis Ferdinand* 220). From then on, Rahel will be his comrade (note the use of "Freund" instead of "Freundin") and never again have the opportunity for a closer relationship. She immediately retreats into a long illness.

There is another obstacle to the marriage of Rahel to anyone in Berlin, which is brought out by the parallel story of the two sons of a dyer, Wegmann, whose factory Louis Ferdinand inspects. The older son Karl is a typical Büchnerian liberal; the prodigal younger son wants to marry a Jew.

He has joined the army and his older brother, who is opposed to Prussian militarism, wants to buy him out. But the boy has fallen in love with a Jewish girl and the father disowns him. Although the older Wegmann son keeps trying to free his brother from military service by means of intrigues and bribes, the latter becomes impatient and tries to escape with his bride. He is apprehended, flogged and commits suicide because of the disgrace to himself and his family.

His bride turns to Rahel for protection. When Karl Wegmann comes to tell her and his father of Fritz's death, Louis Ferdinand is there and she inveighs against the situation of the Jews in Berlin. Fritz's bride has come to Rahel because her parents had planned to marry her off — "verkuppeln" is the word Rahel scornfully uses — to a an old man in Russia. As she explains:

> Und wissen Sie, was die Juden zwingt, ihre so heiß geliebten Kinder weit von sich in der Fremde an Fremde zu verheiraten? Die wahnsinnigen Gesetze Ihres Landes, welche, uns auszutilgen von der Erde wie giftiges Gewürm, es nur zwei Kindern jeder jüdischen Familie gestatten, sich in der Vaterstadt zu verheiraten und anzusiedeln. Ich selber, Prinz, Ihre Freundin, Rahel Levin, ich bin heimatlos in der Heimat. Ich habe mein Heiratsprivilegium dem Bruder abgetreten — und es ist gut, daß es so ist, daß ich einsam, kinderlos sterben werde. Ich hätte nicht den Mut, den Fluch den ihr auf uns geworfen habt, fortzupflanzen auf ein Kind, das ich unter meinem Herzen getragen, an meiner Brust genährt hätte. Oh! die Unmenschlichkeit unserer Zustände ist himmelschreiend, und ich glaube nicht mehr an Gott, wenn er sie noch lange duldet. (375-376)

To ensure himself the advantages of Jewish money and intellectualism, Frederick the Great had issued an edict in 1750 which allowed priviliged Jewish families with special dispensations ("Schutzbriefe") to reside in the city of Berlin. Those chosen were designated as "Schutzjuden;" their co-religionists had to live in the rest of Prussia, where they were barely tolerated. To limit the number of these "Schutzjuden" only one child from each family was permitted to marry and remain in the capital. In 1763, after the Seven Years War, permission was granted for a second child to do this, but in large families, this had the effect of allowing the two oldest sons, who were usually the inheritors of the family business, to marry and remain. The other children did not marry, or if they did, it was either after conversion or out of the city. For Rahel, marriage either meant conversion or exile from her home, family and friends — everything she really loved, including Louis Ferdinand.

One last group of misfits is that of the common soldiers whose stories are told in the novel and who pay with their lives for their inability to adapt to the Prussian code. The younger Wegmann son, Fritz, who dies for love of his Jewish bride is one; another striking example begins the novel. Louis Ferdinand tries to stay the execution of a common recruit in his own company who has killed his bride upon her own request, after she has been dishonored by a brother officer. The influences of Lessing's *Emilia Galotti* and Brentano's "Geschichte vom braven Kasperl und dem schönen Annerl" are very obvious here, and probably more responsible for the episode than Lewald's personal experience, although such episodes were reported in the periodicals of her day. Louis Ferdinand cannot save the soldier's life, but does see that the seducer is cashiered. Here again, the problem is basically an inability to obtain the requisite permission for marriage. In an army consisting largely of men conscripted against their will, a soldier who wants a normal family life is a misfit. Conformity or death are the only solutions.

In her novel, Fanny Lewald shows the misfits of a rigid society in which everyone from the king to the most common soldiers has a designated place and finds only unhappiness or death in any attempt to escape from it, to cross over into another *modus vivendi*. Louis Ferdinand is, of course, the prime outsider; he represents the unhappy useless prince of whom we have countless examples in history and literature. Louis Ferdinand fancies himself as Hamlet and even asks Rahel to be his Horatio in his final farewell to her. Rahel is beyond the pale because of her female unmarried status and religion; yet in an ironic way, her double stigmas mitigate each other — she is able to mix into masculine intellectual society because as a Jew she cannot be considered a romantic threat and as a woman her Judaism is no threat to the faith of her Christian friends.

Lewald also shows the outsiders of her own society, since these were basically unaltered from those of the previous generation. Although the novel was written in 1849, Lewald was no revolutionary writer but a social historian, suffering at this particular time from a typical post 1848-liberal disillusionment. The tremendous popularity of the novel until the Nazi period (*Prinz Louis Ferdinand* had three separate editions in 1928 alone) rests upon her clear depiction of German society in the Wilhelmine period. Her prose is lucid and readable even by today's standards. And her own inherent sympathy for the misfits of her society at all levels — princes, soldiers, women, Jews — shines through her objectivity and illuminates the novel.

Works cited

Arendt, Hannah. *Rahel Varnhagen.* New York: Harcourt, Brace, Jovanovich, 1974.

König, Robert. *Deutsche Literaturgeschichte.* Bielefeld and Leipzig: Velhagen u. Klasing, 1879.

Lewald, Fanny. *Erinnerungen aus dem Jahre 1848.* Braunschweig: Vieweg, 1850.
Für und wider die Frauen. Berlin: Janke, 1870.
Jenny. Leipzig: Brockhaus, 1843.
Eine Lebensfrage. Leipzig: Brockhaus, 1845.
Meine Lebensgeschichte. Berlin: Janke, 1861.
Osterbriefe für die Frauen. Berlin: Janke, 1863.
Prinz Louis Ferdinand. Berlin: Deutsche Buch-Gemeinschaft, 1928.
Wandlungen. Braunschweig: Vieweg, 1853.

Nelson, Walter Henry. *The Berliners.* New York: David McKay, 1969.

Prutz, Robert. *Die deutsche Literatur der Gegenwart, 1848-1858.* Leipzig: Voigt u. Gunther, 1859.

Schultz, Hans Jürgen, ed. *Frauen.* Stuttgart: Kreuz, 1981.

Spiero, Heinrich. *Geschichte der deutschen Frauendichtung seit 1800.* Leipzig: Teubner, 1913.

Scurla, Herbert. *Rahel Varnhagen.* Düsseldorf: Claassen, 1978.

"Kalte Grotesken": Walser, Aichinger, and Dürrenmatt and the Kafkan Legacy

GERTRUD BAUER PICKAR

University of Houston

In the post-war years "Kafkan" and "Kafkaesque" were commonly deployed as attributive adjectives to describe any work that exhibited a tendency toward the macabre and were frequently treated as synonyms for "grotesque." Yet relatively little attention was focused on determining the particulars of the relationship of these works to Kafka or on examining such "Kafkaesque" writings in terms of the concept of the grotesque itself and its identifying characteristics.

Three post-war German authors whose emergence on the literary scene was perceived as linked to the influence of Franz Kafka — Martin Walser, Ilse Aichinger, and Friedrich Dürrenmatt — are cases in point, and their early short prose works offer an excellent opportunity for an investigation of stylistic and thematic features associated with the grotesque. Walser's initial preoccupation with Kafka has never been denied. His doctoral dissertation on Franz Kafka, *Die Beschreibung einer Form* (1961),[1] testifies to his intellectual *Auseinandersetzung* with his predecessor, and he readily acknowledges his early allegiance to Kafka's writings.[2] Not surprisingly, Walser's first published collection *Ein Flugzeug über dem Haus und andere Geschichten* (1955)[3] is rich in configurations and representations of the grotesque.[4] Aichinger's first literary works to gain critical attention[5]

---

1 Munich: Carl Hanser, 1963.

2 Anthony Waine, *Martin Walser* (Munich: C.H.Beck, 1980), pp.18f.

3 Frankfurt a.M.: Suhrkamp, 1955.

4 In the brief discussion of the early prose works of Walser in the opening chapter of his study, *Der Erzähler Martin Walser* (Bern: Francke 1971), Wilhelm Johannes Schwarz mentions Walser's relationship to Kafka, though he fails to analyze it. Similarly, Waine acknowledges Kafka's initial influence and cites Walser's own words on that subject, but does not pursue the issue further. Far more significant treatment is given this area by Klaus Pezold, whose 1965 Leipzig dissertation, "Das literarische Schaffen Martin Walsers 1952-1964," published as *Martin Walser. Seine literarische Entwicklung 1952-1964* (Berlin:

were similarly linked with Kafka, and the association of his name with hers was for a time a literary cliché.[6] Even though she has subsequently denied the tie to Kafka,[7] the issue of this relationship and the related role of the grotesque in her works require further attention.[8] Although Dürrenmatt has

---

Rütten & Loening, 1970), deals extensively with his early prose. The collection *Über Martin Walser* edited by Thomas Becker (Frankfurt a.M.: Suhrkamp, 1970) includes a valuable contribution by Pezold ("Martin Walsers frühe Prosa," pp.153-174), as well as reprints of three reviews of Walser's first collection by Hans Egon Holthusen ("Ein Kafka-Schüler kämpft sich frei," pp.9-11), Paul Noack ("Ein Kafka-Epigone," p.12), and Walter Geis ("Vögel ohne Flügel," pp.13-15). Noteworthy also is Gabriele Schweikert's article "'. . . weil das Selbstverständliche nie geschieht': Martin Walsers frühe Prosa und ihre Beziehung zu Kafka" *(Text + Kritik* 41/42 [1974], 31-37). More recently Erhard Schütz, "Von Kafka zu Kristlein. Zu Martin Walsers früher Prosa," published in *Martin Walser*, Klaus Siblewski, ed. (Frankfurt a.M.: Suhrkamp, 1981), pp.59ff., reviews the Kafka-Walser relationship.

Although some grotesque features are given cursory attention in these studies, none of these focuses on the aspect of the grotesque found in the Walser stories nor base their presentation of Kafka's influence upon this phenomenon.

5 The Aichinger selections under discussion here date from 1948 to 1963 with the majority written or published in the early fifties. They appear in several collections: *Der Gefesselte* (Frankfurt a.M.: S. Fischer, 1954), *Eliza Eliza. Erzählungen* (Frankfurt a.M.: S. Fischer, 1965), and *Wo ich wohne. Erzählungen, Dialoge, Gedichte* (Frankfurt a.M.: S. Fischer, 1954). Page references to individual stories will refer to the subsequent collections, coded as follows: *G — Der Gefesselte; E — Eliza Eliza*; and *W — Wo ich wohne.*

6 Cf. J.C. Alldridge, *Ilse Aichinger* (London: Oswald Wolff, 1969), p.44.

7 Dagmar C.G. Lorenz, *Ilse Aichinger* (Königstein/Ts.: Athenäum, 1981), p.3.

Lorenz, however, leaves the issue untouched, and yet others, perhaps in an attempt to free Aichinger from the Kafka shadow, have referred to the Kafka association as superficial. Cf. for example, Heinz Schafroth, ed., *Dialoge. Erzählungen. Gedichte* (Stuttgart: Reclam, 1963), p.107, and Werner Eggers, "Ilse Aichinger," *Deutsche Literatur seit 1945 in Einzeldarstellungen*, ed. Dietrich Weber (Stuttgart: Alfred Kröner, 1968), p.236.

8 The connection with Kafka was first presented by Robert Blauhut, *Österreichische Novellistik des 20. Jahrhunderts* (Vienna/Stuttgart: W. Braumüller, 1966), pp.258ff. He listed her among others under the heading "Auf den Spuren Kafkas" and opened his discussion with the sentence: "Auch diese Dichterin kommt von Franz Kafka und ist vielleicht seine begabteste Schülerin." This view dominated early reviews (s. Lorenz, p.53) and the relationship continues to be noted, as it is by J.C. Alldridge (fn. 6) who stresses in particular Kafka's influence with regard to "Der Gefesselte" (15; 27), and by Carine Kleiber, *Ilse Aichinger* (Bern: Peter Lang, 1984), p.55. However, despite the continuing reiteration of the bond, no significant attempt has been made to define and document Aichinger's relationship to Kafka or to analyze the significant role which the grotesque plays

distanced himself from his early enthusiasm[9] — he had even dedicated one scene from his first, still unpublished work *Komödie* to Kafka[10] — he has never denied Kafka's influence on him, and his early prose, found in the collection *Die Stadt, Prosa I-IV*,[11] clearly reflects Kafka's influence,[12] as well as a tie to Expressionism.[13] Though sometimes deprecated as "Schreibstücke," criticized as being "zu experimentell,"[14] viewed as "immature," "imitative" and the work of "years of apprenticeship,"[15] termed "literarische Orientierungsversuche,"[16] or dismissed as "die qualvollen ersten Schritte eines Schriftstellers der nach seinem Weg sucht,"[17] these works deserve critical attention as independent literary

---

in her works.

9 Dürrenmatt, "Dramaturgie des Labyrinths," *Text + Kritik* 56 (1977), 1.

10 Hans Bänziger, *Frisch und Dürrenmatt*, 5. ed. (Bern: Francke, 1967), p. 126.

11 *Die Stadt. Prosa. I-IV* (Zurich: Arche, 1952) combines a later work of the fifties, "Der Tunnel," with earlier ones of the mid-forties.

12 Cf. Armin Arnold, *Friedrich Dürrenmatt* (Berlin: Colloquium, 1969), p.17: "Dürrenmatts Skizze ["Die Stadt"] scheint aus Fragmenten eines kafkaesken Romans zu bestehen, den er nicht vollendet hat"; Timo Tiusanen, *Dürrenmatt* (Princeton, N.J.: Princeton University Press, 1977), pp. 41f.: "Dürrenmatt was . . . running toward an artistic and philosophical dead end, finding an expression for his youthful *Weltschmerz* only in Kafkaesque, self-centered prose"; or Gerhard P. Knapp, *Friedrich Dürrenmatt* (Stuttgart: Metzler, 1980), pp.16f.

13 Dürrenmatt's works, unlike those of Martin Walser and Ilse Aichinger, also indicate ties with artists of the grotesque before Kafka and display features not found in Kafka's writings. Dürrenmatt's familiarity with Bosch and the Brueghels, which his drawings and paintings reveal, can be sensed in his writings, as well. (In addition to Dürrenmatt's better known drawings with their grotesque motives and his *Höllenphantasien*, Hans Bänziger speaks of "apokalyptische Gemälde, die teils an mittelalterliche, reformatorische Visionen oder diejenigen Boschs oder an diejenigen Barlachs und Rouaults erinnern." Bänziger, p. 129.)

Dürrenmatt's affinity for the first master of the grotesque is most overtly attested to in the story entitled "Das Bild des Sisyphos," which appropriately revolves about a small counterfeit Hieronymus Bosch painting depicting "Die Hölle in ihren scheußlichsten und geheimsten Qualen" and which itself embodies the essence of the grotesque.

14 Bänziger, p.130.

15 Murray B. Peppard, *Friedrich Dürrenmatt* (New York: Twayne, 1969), pp.17f.

16 Knapp, *Dürrenmatt*, p.16.

17 Arnold, p.8.

works,[18] particularly with regard to those factors which have earned the attribute "grotesque."[19]

---

18 Cf., for example, Elisabeth Brock-Sulzer, *Dürrenmatt* (Zurich: Arche, 1960), pp.122ff.; Peter Spycher, *Friedrich Dürrenmatt. Das erzählerische Werk* (Frauenfeld: Huber, 1972), p.126; and Emil Weber, *Friedrich Dürrennatt und die Frage nach Gott* (Zurich: Theologischer Verlag, 1980).

19 The phenomenon of the grotesque in the post-Kafkan generation has received far the greatest discussion in terms of Friedrich Dürrenmatt's works, in no small measure attributable to the fact that the grotesque has itself been the subject of Dürrenmatt's own theoretical writings and conversations. Cf., for example, Dürrenmatt's *Theater-Schriften und Reden* (Zurich: Arche, 1966) and *Gespräch mit Heinz Ludwig Arnold* (Zurich: Arche, 1976).

Significant in setting the orientation and direction for much of this criticism is Reinhold Grimm's study, "Parodie und Groteske im Werk Dürrenmatts," first published in *Germanisch-Romanische Monatsschrift* 11 (1961), 431ff., and reprinted in the collection of essays *Der unbequeme Dürrenmatt* (Basel: Basilius, 1962), pp. 72-96, and in Grimm's *Strukturen. Essays zur deutschen Literatur* (Göttingen: Sachse & Pohl, 1963), pp. 44-72. Although Grimm develops Kayser's concept and cites Dürrenmatt's works as examples, especially for the mingling of life forms, his major concern is Dürrenmatt's dramatic production, and he never develops the concept of "kalte Grotesken," used by Kayser in terms of Kafka's unique form of the grotesque.

Tiusanen, following Grimm's lead in the discussion of the grotesque, applies the concept essentially to the dramas, the main focus of his study. Similarly, Peter Johnson, "Grotesqueness and Injustice in Dürrenmatt," *German Life and Letters* 15 (1962), 264-273, and Edward Diller, "Aesthetics and the Grotesque: Friedrich Dürrenmatt," *Wisconsin Studies in Contemporary Literature* 7 (1966), 328-335, afford Dürrenmatt's prose only minimal consideration.

Cf. also Volkmar Sander, "Form und Groteske," *Germanisch-Romanische Monatsschrift* 14 (1964), 303-311; Werner Oberle, "Grundsätzliches zum Werk Friedrich Dürrenmatts," *Der unbequeme Dürrenmatt*, pp.9-29; Robert E. Helbling's, "Groteskes und Absurdes — Paradoxie und Ideologie. Versuch einer Bilanz," in *Friedrich Dürrenmatt. Studien zu seinem Werk*, edited by Gerhard P. Knapp (Heidelberg: Lothar Stiehm, 1976), pp.233-253; and Guenther H.S. Mueller, "Friedrich Dürrenmatt's Use of the Grotesque," *Friedrich Dürrenmatt. A Collection of Critical Essays*, ed. Bodo Fritzen and Heimy F. Taylor (Normal, Ill.: Applied Literature Press, 1979), pp.2-17.

Interestingly enough, although Arnold (as well as others) refers repeatedly to the influence of Kafka, he never applies the term grotesque to these stories. Indeed Arnold concludes his chapter on Dürrenmatt's early prose with the remark that Dürrenmatt only later became able to treat his major themes, already articulated in these works, with irony so that that which was "entsetzlich" became "grotesk" (Arnold, p.20). Similarly Peppard, speaking of the early prose, concludes that Dürrenmatt had not yet learned to use the grotesque significantly (Peppard, p.18).

Wolfgang Kayser's study *Das Groteske: Eine Gestaltung in Malerei und Dichtung*[20] provides an effective orientation for viewing the works of these three authors and for identifying the characteristic features of the grotesque[21] that mark their content, style and impact and that affirm their affinity with Kafka and his form of literary expression. Briefly summarized, these elements are the mingling of variant life-forms, the discontinuity of natural laws in the fictive setting, the hostility to man existent in his society or environment, the resultant alienation of man from his world and, ultimately, the alienation of the reader.

The first, and perhaps most striking aspect of the grotesque is the transmutation of life-forms or the synthesizing of variant existence-forms — the organic with the mechanical, the human with the non-human, the animate with the inanimate.[22] This feature, which originated with the ancient

---

Elisabeth Brock-Sulzer, *Dürrenmatt* (Zurich: Arche, 1960), mentions the influence of Kafka (p.123), as well as the fusion of expressionistic and surrealistic techniques (p.132), but makes no reference to features of the grotesque. More significantly Peter Spycher, who mentions the Kafka connection in passing and links "Die Stadt" to Kafka's *Schloß*, barely uses the term 'grotesque' and does not deal with this topic in his extensive study of Dürrenmatt's prose. Similarly Michael Winter, "Friedrich Dürrenmatt - Positionen einer radikalen Aufklärung," *Facetten. Studien zum 60. Geburtstag Friedrich Dürrenmatts*, ed. Gerhard P. Knapp and Gerd Labroisse (Bern: Peter Lang, 1981), p.19, speaks of Dürrenmatt's "Assoziationen zu Kafka, Kubin und Kasack" and to Karl May, but does not develop the relationship. Yet others who discuss Dürrenmatt's early prose focus on neither the Kafka-connection nor the grotesque as a stylistic feature of these works. Cf., for example, Jan Knopf, *Friedrich Dürrenmatt* (Munich: Beck, 1980), pp.9ff; and Emil Weber in *Friedrich Dürrenmatt und die Frage nach Gott* and in his essay: "Die Welt der frühen Werke, oder vom Einfall des Schrecklichen und von der Kunst, sich recht zu ängstigen," *Zu Friedrich Dürrenmatt*, ed. Armin Arnold (Stuttgart: Klett, 1982), pp.23ff.

20 Oldenburg: G. Stalling, 1957.

21 Although the literature dealing with the grotesque has proliferated, Kayser's study is still the authorative work. Cf. Gerhard P. Knapp, "Wege und Umwege: Ein Forschungsbericht," *Friedrich Dürrenmatt. Studien*, pp.19ff.

Other works that might be cited include Lee Bryon Jennings, *The ludicrous Demon* (Berkeley: University of California Press, 1963); Philip Thomson, *The Grotesque* (London: Methuen & Co Ltd, 1972); the series of essays edited by Otto F. Best, *Das Groteske in der Dichtung* (Darmstadt: Wissenschaftliche Buchgesellschaft, 1980); and Geoffrey Galt Harpham, *On the Grotesque* (Princeton, N.J.: Princeton University Press, 1982). Mention should also be made of Norbert Kassel's study, *Das Groteske bei Franz Kafka* (Munich: Wilhelm Fink, 1969).

22 Cf. Grimm, who in discussing Dürrenmatt's imagery in the larger context of the phenomenon of the grotesque as defined by Kayser, notes:

decorative ornamentations of intertwined stylized blossoms, leaves, and animals that appeared to grow into and from one another in fantastic array (to which the terms *la grotesca* and *grotesco* were applied) has continued to be a characteristic, and dominant part of the phenomenon known as the grotesque.[23] Transmutation provides the nucleus for Kafka's *Die Verwandlung*, a work that frequently serves as the example *par excellence* for the phenomenon of the grotesque in literature and presents the prototype for the fusion or mixture of existence-forms that marks the works of many authors of the post-Kafkan generation.

"Was wären wir ohne Belmonte," perhaps the best known of Martin Walser's stories, makes striking use of such a fusion of life-forms in its commentary on the role and treatment of the artist in contemporary society and the cost of box-office success. The story describes the fate of a group of aspiring young pianists, ambitious but dispairing, who individually hire the impressario Belmonte to promote their careers. While awaiting the right moment for their entrance onto the musical scene and subsequent musical fame, Belmonte secures positions for them as porters at a plush resort. Their pale faces, skilled fingers and graceful gestures make them well suited to their new employment, so well suited, that the narrator comments:

> Wahrscheinlich vermutet mancher, daß wir unsere federleichten Bewegungen einer besonderen Aufzucht verdanken, hält uns gar für eine

---

> Noch vielfältiger sind die Möglichkeiten grotesker Gestaltung, die sich aus der *Vermengung der Bereiche* ergeben. Tiermetaphern, Tiervergleiche herrschen vor. . . . Eine seltsam beklemmende Fabelwelt erwächst, vornehmlich aus der Belebung des Anorganischen. (*Der unbequeme Dürrenmatt*, p.74)

Unlike Grimm, Helbling excludes such metaphoric language, which he refers to as "surrealistic," from consideration as grotesque phenomena:

> Gleich zu Anfgang möchte man jene sprachlichen Gebilde aus dem Bereich des Grotesken verbannen, die eine bloß sinnliche Vermengung von Naturverhältnissen darstellen und bizarr, ominös wirken mögen, aber darüber hinaus über die menschliche Bewußtseinswelt wenig aussagen. . . Animalische Metaphern können gewiß spukhaft wirken, aber wenn sie auch manchmal lächerlich-dämonisch anmuten, bleiben sie doch zu sehr im nur Ästhetisch-Visuellen, womit sie noch nicht Phänomene des Grotesken sind, das . . . in den Bezirk des Ethischen und des Logischen hineinragt. (Helbling, p.240)

Cf. also Sanders, p.309; and Thomson, p.20: "The most consistently distinguished characteristic of the grotesque has been the fundamental element of disharmony, whether this is referred to as conflict, clash, mixture of the heterogeneous, or conflation of disparates."

23 This feature has been considered the essence of the grotesque, and Vischer's definition is predicated upon just such "Vermischung der getrennten Bereiche in den Gestalten" (Kayser, p. 110). Cf. also Jennings, pp.7f.

> kluge kluge Hunderasse. Tänzertiere. Hellohrig, feinädrig und im Lautlosen geübt." (80)

The servility required for their temporary positions readily becomes second nature to them, and they gradually acquire first the life-style and then the personality and behavioral traits of well-trained dogs. Indeed, they are increasingly described in terms appropriate to such dogs: "[sie] wedeln . . . mit den Ohren und kneifen einander mit den Zähnen in Schultern und Arme"; when they are thrown candies, "schnappen [sie] danach mit Maul und Händen"; they approach the cars "fröhlich winselnd," acknowledge instructions "mit aufrechten Ohren" and deliver the guests to Belmonte "wie eine gute gute Beute" (80); even their singing sounds like "Jaulen" (82). Soon the point is reached that the director appears to view them as dogs. Stroking their shoulders and spoiling them with sweets and flattery, "knurrt [er] zu uns herab, weil er glaubt, er müsse sich so mit uns verständigen. Daß wir Menschen sind, kann auch er sich nicht mehr vorstellen!" (81). Their accommodation to the exigencies of their fate is so complete that they slowly assume the physical characteristics of dogs as well — and near the conclusion of the work, they are reassured by Belmonte:

> . . . wenn wir lang genug diesen Hoteldienst versehen hätten, würden wir so sehr zu jener besonderen Hunderasse geworden sein, für die man uns heute schon halte, daß unsere ehemalige Herkunft auch dem Fachmann nicht mehr erschließbar sei. (83)

They willingly accede to his admonition: "Diese Entwicklung müsse man reifen lassen," since he predicts their ultimate access to the concerthalls and boundless success: "wir würden die begehrtesten Pianisten werden in den Musiksalons dieser Erde" (83). Since the public, which showed no interest in talented, but unknown young pianists, most surely would rave at the sight of performing canines, the chance for the concert career they so fervently desire is enhanced, rather than forfeited, by their transformation, and the narrator is convinced of the success awaiting them:

> Kläffend werden wir auf die Bühne stürmen, . . . werden uns mit einem sehnenstarken Sprung auf den Klavierstuhl setzen und werden aufrecht sitzen, als wären wir Menschen: und mit einer an Hunden noch nie beobachtete Musikalität werden wir die großen Werke der Musikliteratur spielen. (84)

Of interest to us here is not the biting social satire but the form in which it is cast — the transformation in life-form the story depicts and utilizes to express its central theme.

Two other stories involve changes of life-forms, though the transformation is in neither complete, and in a third, it is only insinuated. In the title story of the collection, "Ein Flugzeug über dem Haus," the young men who are guests at the birthday party in the garden become increasingly identified as wolves. Mention is made of bared teeth, snarling visages and dripping saliva, as the story records their gradual change from awkward guests, who are clearly ill at ease in the new situation, to aggressive males, who ultimately assert their domination over the girls assembled at the same party. In "Die Rückkehr eines Sammlers," the story of a collector obsessed with restoring and properly housing his feather collection, the children with whom he associates begin to assume the features of the predatory birds whose feathers apparently possess an uncanny attraction for them. The children are described as clinging to the display cases, which their parents have threatened to remove from their homes, "grell schreiend und mit kralligen Fingern" (64f.). In "Die letzte Matinee" apartments in the city during the absence of their rightful inhabitants — all inveterate devotees of afternoon matinees — are suddenly invaded and occupied by strange beings, "Fremdvolk": "grünhäutige Muskelmenschen," "eine Art Husaren mit Affengesichtern," "Stubenfliegen, größer als ausgewachsene Hühner," "blaubärtige Gouvernanten" (111) and "aufrechtstehend[e] Hund[e]" (117). The moviegoers themselves, bereft of their living quarters, are treated "wie eine Herde fremder Tiere" (112) and are ultimately herded into stockyards as if they were really nothing more than "eine Herde farbiger Tiere" (114). At the conclusion of the work, the movie-goers remain in the stockyards, placidly continuing their bovine existence there without complaint, content with their weekly viewing of films.[24]

In addition to these transmutations of life-forms, the distinctions between animate and inanimate existence may become blurred. In "Der Umzug," in which Walser focuses on the conformity of modern urban life and its dehumanizing impact upon the city dweller, the inhabitants of the apartment house are depicted as essentially inanimate. Their uniform faces appear constituted "aus Schafgips und Totenkalk" (42), they sit "wie Säulen" upon their balconies (45), and the protagonist conceives of them disintegrating into small piles of whitish flour (39). Eventually, when the

[24] Cf. Aichinger's "Belvedere," where white steers take over first the museum and then the entire city.

central figure realizes that his wife is acquiring similar qualities, he flees in horror to escape this world of petrification.

The fusion of existence-forms evidenced in plot and character extends into the realm of descriptive imagery as well. A woman's eyes look at the world wie "durch gut eingefaßte, wenig benützte Knopflöcher" (35); another woman moves "wie die Peitschenschnur in der Hand eines Dompteurs" (10); eyes glide slowly like searchlights over a room (28); and icemen press ice tongs "wie Säuglinge an ihre Lederschürzen" (15). The descriptions of hands provide often striking imagery: "sie [ließ] die Hand in der Luft plötzlich hängen . . . wie ein welkes Blatt" (8); "schmale Hände sah ich, weißen Vögeln gleich, an meinen Augen entlangflattern" (73); and Belmonte's fat hands "[wackeln] langsam wie Mastgänse über den Schreibtisch hin" (69). The intermingling of animal, plant, and inanimate life-forms, constituted by this imagery, occurs repeatedly in these Walser stories and is linked directly to their thematic concerns.

In Ilse Aichinger's stories both transformation and interaction between variant existence-forms occur as well, though in different format and often in a more ambiguous manner. "Das Plakat" revolves around a boy depicted on a poster placard who is endowed with self-awareness and granted human feelings and curiosity. Painfully conscious of the artificiality of the world displayed in his poster and of the rigidity of both his own position and his unrelenting smile, he longs for release and yearns for human experience. In this context it is death for which he most fervently yearns, equating this for him unknown and mysterious concept with all the activities and meanings of life itself. At the conclusion of the story, in a brief moment during which an onrushing train crushes a young child to death, the placard is loosened from the wall and the figure experiences death — and with it life. The distinction between the animate and inanimate is thus no longer maintained in the narrative, and the realms merge. The reader's own orientation, however, though piqued, is not threatened.

In the title story of *Eliza Eliza*, on the other hand, these two worlds are never clearly delineated,[25] and the fusion between them precipitates a confusion in which the reader is forced to share. Besides the central figure, Eliza, the protagonists include her two servants and a family of figures made out of folded and cut newspaper.[26] The paper constitution of this latter group, however, is manifested only in the perception of others; in the

25 Thomson sees a source of the grotesque in "the disorienting and even frightening, but also potentially comic, confusion of the real with the unreal" (p.24).

26 Lorenz interprets the story as involving the metamorphosis of both "die Zeitung in Staub, Elizas in ein Zeitungsblatt" (p.135).

interaction of the family members among themselves and in their conversation they are treated and presented as human. The ambiguity surrounding their nature is enhanced by the actions and thoughts of Eliza, who treats them as human, while nonetheless viewing them as paper figures. Her relationship to them remains problematic even at the conclusion of the story when she is born aloft and, holding on to them, first sails upward, then tumbles earthward as the paper figures bend and unfold, and finally plummet downward under the burden of her weight.

A similar ambiguity of existence-form is found, as well, in "Mein Vater aus Stroh," where the dilemma of categorization, indicated already in the title, is never solved; the reader remains unsure whether the subject is real or imagined, human or inanimate, or indeed combines and unifies such variant qualities. Similarly in "Der Engel" the given nature of the title figure as a grave-stone statue is fused with the animate, speaking role it assumes in the story. In the course of the stories related in "Seegeister," the line between existence and non-existence is intentionally obliterated. As the introductory paragraph of that work notes, it may not be possible to know whether one belongs "noch zu den Gästen oder schon zu den Geistern" (*E.* 49) until the line has been irrevocably crossed. In the first incident a man in a motorboat discovers that its power cannot be turned off and hence his boat cannot be docked. As a result he remains a virtual captive in his boat, perpetually transversing the lake, and appears to have acquired, albeit unwillingly, a kind of immortality. When the summer is spent and the last vacationer returns home, he is left still cruising on the water. In despair he finally runs his boat aground: "Das Boot wurde längsseits aufgerissen und tankt von nun an Luft. In den Herbstnächten hören es die Einheimischen über ihre Köpfe dahinbrausen" (*E* 51). The second episode explores the predicament of a woman who feels herself evaporate and dissipate whenever she removes her sunglasses.[27] Faced thus with the threat of vanishing without her sunglasses, she finds herself forced to wear them continually, even at night: "Denn sie schlief bei offenem Fenster und hatte keine Lust, hinausgeweht zu werden oder am nächsten Morgen aufzuwachen und einfach nicht mehr da zu sein" (52). Her ultimate fate, with the dark and dreary winter season approaching, is left intentionally unclarified.[28]

---

[27] The protagonist felt herself "plötzlich zu nichts werden, Arme und Beine lösten sich im Ostwind auf"; later she tried to take her glasses off a second time, "geriet aber sofort in denselben Zustand der Auflösung . . . und bemerkte, daß auch der Westwind bereit war, sie davonzutragen." *W*, p.52.

[28] Eggers, discussing Aichinger's writings, also notes how "jegliche Datierbarkeit in der wirklichen Welt und Zeit" is missing from many of her works (p.224) and speaks of the suspension of the bounds of time and space (p.232) and

Considering the variation in life-form and the anthropomorphic presentation of the inanimate common in Aichinger's works, it is not surprising that the narrative stance is frequently identified with a non-human entity, just as it is in Kafka's writings. The thoughts, memories and feelings of a doll are related in first-person-singular narration in "Die Puppe," and "Die Maus" presents, again in first-person-singular, the thinking and speculations of a small rodent, who, rejecting bravery and the adventurous life, finds satisfaction and comfort in its unobtrusiveness. Though not told in first person, "Das Plakat," discussed above, similarly focuses on the thoughts and fate of a non-human entity, a poster figure, and "Der Engel" is constituted by a monolog, attributed to that stone figure, which is in turn interrupted by descriptions of the actions of the speaker.[29] The confusion, or fusion, of existence-forms and the often indiscernable shifts from internal, subjectively perceived realities to concrete external realities are thus registered by structural features, as well as thematic content.

The confusion or fusion of existence-forms plays a less significant role in Dürrenmatt's early prose. However, in the short work with which the volume opens, "Weihnacht," the initial identification of the figure as the Christ-Child — "Es war das Christkind. Die Glieder weiß und starr" — becomes immediately problematic: "Der Heiligenschein eine gelbe gefrorene Scheibe. Ich nahm das Kind in die Hände." The next three sentences appear to describe a doll: "Ich bewegte seine Arme auf und ab. Ich öffnete seine Lider. Es hatte keine Augen." As the work concludes, the figure assumes rather the constituency of pastry: "Ich aß den Heiligenschein. Er schmeckte wie altes Brot. Ich biß ihm den Kopf ab. Alter Marzipan" (11).

The second work, "Der Folterknecht," focuses on two beings who exchange forms and identities. A man, dissatisfied with his life despite wealth, family and friends and dreading what he sees as a future of impending nothingness, offers to exchange places with the torturer for two

---

of "das Fehlen einer Grenze zwischen Innen- und Außenwelt" (p.233) that so often characterizes her style. (Interestingly enough, much of Eggers' discussion actually supports the Kafka-bond, which he discounts, and reveals her debt to the tradition of the grotesque, which he ignores.)

29 Significant, too, is Aichinger's frequent use of the child-perspective ("Engel in der Nacht," "Der Hauslehrer," "Der Bastard," etc.), which represents not just a variation of narrative perspective but also a conscious choice of a restricted and limited vision for narration. Eggers has interpreted the impact of this perspective, concluding it serves to allow the presentation of reality to remain enclosed in a "kindliche Erlebniswelt," whose reduced perception in turn constitutes a particular form of Aichinger's "Sicht der Entfremdung" (Eggers, p.231ff.).

years (17) and subsequently indeed assumes the latter's shape and his abhorrent existence. The negotiated change back to their original forms, however, is not realized, for the torturer fails to appear at the appointed time. Ultimately the man is turned over to the original torturer for the crimes he has committed and dies at the latter's hands after having learned that the torturer is no one else but God himself, who had refused to take human form again (20). This particular element (the mingling of life-forms) does not assume central importance in other Dürrenmatt stories, although there are passing references which approach a shift in life-forms — "Er kam sich selber seltsam vor und fremd wie ein Insekt und seine Bewegungen schienen ihm die einer unwirklichen Maschine" (94f.); or ". . . gelang es ihm nicht, ein Mensch zu sein, so wollte er wenigstens ein Schakal sein, der in den Nächten über die Ebene schweift, ein Tier, das Blut trinkt" (104).[30] Similarly a man's long arms give his appearance "etwas Gorillaartiges" (117). There are related metaphorical references, as well, to people gathering on piles of rubble and sitting on automobile roofs like "gespenstische Riesenvögel" (118) or flocks of lepers "in flatternden Mänteln wie schwarze Vögel" (191); a man's beard sways "wie eine Glocke unter seinem Kinn" (117); Pilatus' hands appear to him "wie fremde Spinnen" (191); and bats hang from the ceiling, swinging back and forth "wie kleine Glocken" (17).

On the other hand, the vivification of the inorganic, found in Walser's writings in statements such as "diese heimtückischen Hallen [hatten] alle unsere Möbel gefressen" (38), is common in Dürrenmatt's work. There one finds "Die Folterzangen träumen" (15), "Die Zeit erwacht - Die Sekunden beginnen zu tasten und die Stunden schieben sich übereinander" (15), "Häuser wie Tiere, die schlafen" (8), "Die Häuser kriechen über den Boden" (16), "Die Häuser schoben sich näher zusammen" (119), "Omnibusse, die wie Ungetüme waren, mit bösen, mattleuchtenden Augen" (32); "Karosserien alter Automobile, die wie grasende Tiere herumstanden" (117); "Riesige Bäume . . . brachen aus der Erde und verkrallten sich in den Wolken wie Hände, die im Moor versinken" (100); and "Die Stadt umgab mich mit schweigenden Armen, die Augen ihres steinernen Gesichts waren leer" (100).

The combination, fusion, or exchange of existence-forms, which constitutes the first and perhaps most striking feature of the grotesque, is closely allied — and even in part predicated upon — another aspect of the

30 In the last case it is difficult to determine whether a merging of existence-forms is implied or whether Dürrenmatt is referring to the presence, or emergence of man's more violent animal nature.

grotesque, namely, the discontinuity of natural laws, or at least the incongruence between depicted reality and conventional experience. This phenomenon, which is frequent in works by Kafka, occurs in stories of all three authors, although in varied form. Biological laws are flounted — a man in Walser's "Gefahrenvoller Aufenthalt" lies immobile on his bed, his existence continuing, like that of the man in the motorboat in Aichinger's "Seegeister," without nourishment for an unspecified but extended length of time, and in Dürrenmatt's "Der Folterknecht" the protagonists exchange bodies. Natural size relationships are disregarded ("Eliza, Eliza") and accepted color references ignored, as with Aichinger's "grüner Esel" or Dürrenmatt's brown moon (16). The flow of time is altered — it is reversed in Aichinger's "Die Spiegelgeschichte" — or suspended (Walser's "Die letzte Matinee"). Scientific knowledge and Swiss guidebooks are disputed in "Der Tunnel," when a train achieves unbelievable speed and then plunges downward at an ever accelerated pace toward the center of the earth, and no scientific explanations can be offered for the apartment that is repeatedly relocated one floor lower in Aichinger's "Wo ich wohne"[31] or for the motorboat that runs without fuel in "Seegeister."[32]

Related to the fact that natural laws are often inoperable is the inexplicable situation or unprecedented event that so often constitutes the essential aspect of these works. It may occur before the outset of the story or break in without warning upon the main characters and the reader in the midst of the narrative. In Walser's "Gefahrenvoller Aufenthalt," as in Kafka's *Verwandlung*, it is presented as the opening situation: a young man one morning fails to rise from his bed.[33] The reader never learns whether the protagonist might have been able to rise, for even the protagonist is unwilling to test the nature of his confinement. He lies there as the days pass, watching the ice, dutifully and routinely placed upon the kitchen table, melt and run in rivulets across the floor and noting how the milk bottles

---

31 Lorenz, p.86, refers to this story as having "die wichtigsten Merkmale für eine Groteske," but pursues the matter no further. She also refers without elaboration to its affinity to Kafka, "was die Sachlichkeit des Stils wie die erzählerische Technik angeht," demonstrated in an unpublished dissertation by Marianna E. Fleming (Maryland, 1974).

32 The laws of causality are frequently suspended, as well. Thus, as Eggers writes of Aichinger's later prose: "Ein Geschehen im Sinne eines durch überprüfbare Kausalität bestimmten Zusammenhanges gibt es . . . nicht mehr" (Eggers, p.228).

33 Such bed-dependency is a typical situation for Walser's protagonists in many of his subsequent works, including *Halbzeit, Das Schwanenhaus, Ein fliehendes Pferd.*

grow daily in number. He muses about the reactions of others and is disturbed periodically by the persistent door-to-door salesmen, who become frustrated and enraged by his ambiguous inaction; by the disgruntled garbagemen, who cart off his possessions rather than see their services unused, and by the lecherous milkman, who repeatedly checks the prone man's medical condition by licking his forehead. The protagonist fears their eventual vindictiveness, yet he dreads even more the inevitable visit by the *Amtsarzt* who will pose the question he has sought to avoid: "'Geben Sie zu, daß Sie tot sind?'" (24). The protagonist in Aichinger's "Der Gefesselte" similarly awakens one day to discover he has been robbed and bound in net-like bonds. Accepting the unaccountable condition of his bondage, he quickly learns to adjust accordingly his life and his movements, displaying such freedom and grace of movement that he is invited to join the circus and becomes its major attraction. His ultimate destruction comes when a well-intentioned friend cuts his ropes and frees him from the captivity that had become his way of life.

In other works the unexpected does not occur until well into the text, and sometimes its startling aspects become only gradually evident. In "Wo ich wohne" the woman protagonist[34] returns home on repeated occasions only to find her apartment relocated one floor lower than it was earlier that day; at the close of the work, she finds herself in the basement of the building, puzzling as to the consequences of the next expected, but still unexplained relocation downward. The strange creatures in "Die letzte Matinee" appear suddenly and unaccountably in the homes of the moviegoers well after the story has begun. The garden party in "Ein Flugzeug über dem Haus," presented initially as peaceful and rather innocuous, turns swiftly into a scene of violence and aggression, triggered unintentionally by the well-meant, but perplexing pleading of an old man. In "Der Tunnel" the serene landscape and fair weather create an almost idyllic atmosphere that contains no indication of the events to come and even seems to impede the recognition of the unfolding catastrophe until the figures are inextricably engulfed by it. There is no warning or explanation why or how the tunnel on the afternoon in question appears indefinitely lengthened or then curves to the very center of the earth, so that the train and its passengers are sent on at ever increasing speed to a final and fatal plunge downward. Even after the train has entered the tunnel and there are blatant indications that things are going awry, the implications of the situation are ignored, denied or refuted

34 Although no specific reference to the sexual identity of the apartment dweller occurs in the text, only Klaiber (p.110) assumes, I believe mistakenly, that the protagonist is male.

by figures within the story, who have been made complacent by accustomed normalcy. Panic erupts only when the inevitable can no longer be denied, and not until the last moments is the significance of the events fully comprehended by the protagonist, the one individual marked by an awareness of the forces of chaos lurking behind the facade of external appearances. In all of these works the unexpected, the incomprehensible, or the unpredictable is crucial to the thematic development of the story and to the fate of the protagonists.

The fact that natural laws no longer possess universal validity and, subsequently, allow the protagonists no definitive orientation in the world into which they have been thrust reflects a central philosophical orientation of the grotesque. The world presented is essentially arbitrary and chaotic, a world inherently indifferent, if not hostile, to man and unresponsive to his value system.[35] More often than not, it harbors a threat to the individual protagonist, a specific group of people, or society as a whole. Frequently the world, or a part of society, is ruled or threatened by an order or force that is itself antithetical to human desires and values and hostile even to life itself. The terms "Erfahrung ursprünglichen Bedrohtseins" and the "Thematik des Bedrohtseins," which have been applied to Aichinger's stories,[36] are applicable to those of Walser and Dürrenmatt as well. The form of this threat is varied in nature and impact. In "Die letzte Matinee" hordes of strange creatures invade the apartments of the inhabitants, indirectly supported by the civil officials who are unable to cope with the threat posed by the invaders; in "Das Flugzeug über dem Haus" a Wedekind-like demonic sexuality breaks forth among the guests at the "coming-of-age" party, threatening the innocent; in one part of Aichinger's "Seegeister" sunglasses worn in the shade avenge themselves against their wearer; in another part, the incessant giggling of three girls contributes to the death of a self-conscious sailor. In Dürrenmatt's "Der Hund" the threat is embodied by the dog, a large and monstrous creature, and the title figures in "Der Folterknecht" and "Der Theaterdirektor" similarly constitute the central thematic focus of the stories and embody its negative force, the concentration of destructive power. The latter exerts his demonic and

35 Speaking of Dürrenmatt, Peppard writes:

> It is a Kafkaesque world into which the reader enters. There is the same sense of indirect confession, the same narrow focus on a schematized reality that is at the same time bewildering in its ramifications and totally inscrutable; and there is the same seemingly senseless search on the part of the protagonist, the feeling of being lost and totally estranged in an environment that becomes more hostile with every descriptive detail. (17f.)

36 Eggers, pp.233ff.

destructive power upon others, as he gradually gains control of the community through the theater. So skillful is his manipulation that he is able to create single-handedly the climate of mass hysteria and hate that culminates in the killing of the actress.

In other works of Dürrenmatt the source of power is less clearly focused. In the title story "Die Stadt" the threat is cloaked by anonymity, as it was in Kafka's works, and remains an undefined and inscrutible authority in complete and enduring control against which revolt or inquiry is equally futile. A revolution is squelched by the single, uncanny scream of a madman, and the protagonist ultimately joins the "system" and is assigned the position of prison guard by three card-playing hags who resemble the Fates. The ambiguity of all existence is revealed as the protagonist, informed that no differences in uniform distinguish the guards, slowly realizes that no other distinction exists between guards and prisoners and that he himself might as well be a prisoner. Even the social order appears here to be but an empty structure, any differentiation meaningless.

Although in most of the works the threat is real and its effect a tangible one, it can on occasion claim only a psychological reality. Protagonists, sensing the hostility about them, sometimes project into their environment the existence or presence of threats that are otherwise not made manifest. Thus the young man in Walser's "Gefahrenvoller Aufenthalt" is convinced that the neighbors need him as a visible opponent and that they will now revenge themselves on him "weil [er sich] als Feind entzog" (21); he further attributes evil intentions to the utility men and expects retaliatory action from the disgruntled shopkeepers in the vicinity; in a combination of projected hostility and asserted violence, he ascribes angry gestures to the door-to-door salesmen, who in their annoyance "hack" at him with their eyes and in their hatred employ their fists and tongues against him. Similarly, Walser's protagonist in "Templones Ende" is convinced that the property in the villa district of the town is being gradually bought up by a secret cartel and believes that the new owners are participants in a gigantic conspiracy aimed specifically at him. His daughter darts through the house, occupying herself with meaningless activities, while maintaining the illusion that she is being observed — an illusion that serves her as protection against the menacing potential of her loneliness:

> wenn sie nicht mehr das Gefühl gehabt hätte, daß ihr immer jemand zuschaute, hätte sich die Einsamkeit von den hohen Zimmerdecken der Villa, von den dunklen Flurwänden und von den ausgedorrten alten Räumen herabgestürzt auf sie und sie erdrückt, erwürgt, sofort getötet. (92)

Her fears and projections, though presented in the subjunctive, are on the way toward becoming reality — a progression which often marks Walser's use of the grotesque.

On the other hand, the monstrous and the macabre, phenomena frequently associated with the grotesque and often related to the portrayal of the hostility toward man incorporated by or projected into the world around him, play a restricted role in the works under consideration. Just as monsters *per se* are strangely missing from Kafka's works, they are all but absent in the works of Walser, Aichinger and Dürrenmatt. Dürrenmatt's "Der Hund" constitutes a notable exception. There the dog is clearly presented as a supernatural creature:

> ein . . . riesiges und entsetzliches Tier . . . von tiefschwarzer Farbe und glattem, schweißbedecktem Fell. Sein Augen waren schwefelgelb, und wie es das riesige Maul öffnete, bemerkte ich mit Grauen Zähne von ebenderselben Farbe, und seine Gestalt war so, daß ich sie mit keinem der lebenden Wesen vergleichen konnte. (25)

Figures that are monstrous or repugnant in appearance also are common only in Dürrenmatt's works.[37] There, for example, the *Folterknecht* is described as:

> Eine unförmige Riesengestalt. Eiterbeulen starren. Eine verweste Fratze schimmert. Ein Auge glotzt rot. Der Augenstern ist ein Geschwür. Der Mund geifert. (17)

Though somewhat less disgusting in appearance, the *Theaterdirektor* is strange of build and small of stature and evokes a negative response:

---

37 In accordance with the "romantic" tradition of the grotesque, Dürrenmatt's protagonists are frequently "marked men." The misshapen figure of the demonic *Theaterdirektor*, the exceptionally unattractive but extraordinarily perceptive student in "Der Tunnel," or the E.T.A. Hoffmann-like 'Rotmantel,' the bizarre and tormented artist-industrialist in "Das Bild von Sisyphos," are cases in point, as are the *Kohlenträger* (117, 123) and the *Wärter* (142), both from "Die Stadt." Some are marked by their profession — as are the torturer in "Der Folterknecht" and the preacher in "Der Hund" — or by history, as is Pilatus. Dürrenmatt's other figures, however, such as the nameless and faceless narrators of "Weihnacht," "Der Hund," "Die Falle" and "Die Stadt" are reminiscent of Kafka's world, where the protagonists are in no way exceptional people and are not described with any specific features.

The figures in the stories of Walser and Aichinger generally also represent, like those of Kafka, a type of everyman and are undistinguished by profession, appearance, or psychic makeup. They, too, share the anonymity of namelessness; indeed they are not even accorded the identification by initial which marks Kafka's typical protagonist.

> Sein Leib schien ohne Knochen, so daß von ihm etwas Schleimiges ausging. Er war ohne Haare, auch jene der Brauen fehlten; (59)

and the narrating figure recalls the image of the three old women in "Die Stadt" with a feeling of abhorrence:

> . . . noch jetzt werde ich von einem heftigen Ekel ergriffen, wenn ich mir diese Wesen vor Augen halte, als wäre ich gezwungen, an abenteuerliche Exkremente irgendwelcher Riesensaurier der Vorzeit zu denken. Ihre Lippen waren mit blauer Farbe geschminkt, aber es waren vor allem die hängenden Wangen, die meinen Abscheu erregten, die fettig glänzten. (127)[38]

Though less intense and dramatic than those in Dürrenmatt's stories, figures in Walser's works occasionally reflect an incipient tendency toward the unusual. In addition to those that combine human and animal features mentioned above, one might cite the old man in "Die Rückkehr eines Sammlers," with his "fleischigen Jünglingsgesicht und den milchweißen Haaren" (56f.), the housekeeper in "Templones Ende" who resembled "einem gestorbenem Raubvogel" (95), and the milkman in "Gefahrenvoller Aufenthalt," an old man "mit dem listigen Faltengesicht," whose tongue, like that of a dog, fell "überraschend und rot aus dem fahlen Greisengesicht . . . über meine Stirne, als habe er sie auf ihren Geschmack hin zu prüfen" (18). (In contrast, Ilse Aichinger tends to avoid the depiction of the monstrous or the macabre.)

Sadistic elements similar to those found in Kafka's works are prevalent, again, only in the prose of Dürrenmatt. Murder and death by torture mark "Der Folterknecht"; the remains of the preacher in "Der Hund" are described as "eine weißliche Masse in einem schwarzen Tümpel . . . vom Hunde zerfetzt" (33); and "Der Theaterdirektor" concludes with a scene evocative of Kafka's penal colony, in which an immense and complicated machine, lowering itself like a gigantic spider, encircles and traps its victim, a happless actress, lacerating first her clothing and then her body to the accompaniment of the tumultuous and ecstatic cries of the onlookers. "Die Falle" is marked by shootings and stabbings, murder and suicide; in "Die Stadt" the leader of the revolt and the lunatic, whose scream dispells it, struggle violently and ultimately plunge down an abyss, and the narrator watches as a mob, set into panic, tramples women and the aged to death, leaving the square "mit Toten übersät" (125); "Der Tunnel" ends fatally for

---

38 A subsequent description is strikingly similar: "die drei fetten, schwammigen Scheusale mit den blau geschminkten Lippen, den schmierigen Fingern und den hängenden Wangen" (144).

all the train's passengers, and the volume itself closes with "Pilatus" and its depiction of the flagellation and crucifixion of Christ.

Despite the fact that death itself, often accidental and usually futile, and its anticipation play a significant role in Aichinger's works, blood and gore are rarely mentioned. Preferring to depict the events or situations that lead to death or destruction or those that follow, rather than those that concentrate on the act itself, Aichinger emphasizes the absurd and rejects the gruesome. Although death plays a greater role in Walser's later works, only one death occurs in the collection of stories under discussion — that of Templone, whose sterile existence ends on a macabre note: he is crushed by a volume of old newspapers and suffocates in the dust and lint that has accumulated through the years on the unswept carpet (102f.).

Even in Dürrenmatt's stories, where the gruesome and monstrous are significant elements, it is alienation, rather than physical brutality, that constitutes the main threat to the protagonists and becomes a focal point of narrative concern. The source of alienation experienced by the protagonists in these stories is not to be found in the individual himself, but rather arises from the discrepancy between the individual and his expectations of the world about him and that world itself. In this context, Kayser's analysis of the alienation in Kafka's writing proves applicable to the works of the three members of the post-Kafkan generation as well: "Die Fremdheit stammt bei Kafka nicht aus dem Ich, sondern aus dem Wesen der Welt und der fehlenden Abstimmung zwischen beiden" (Kayser, 158). The impact of the alienation is greater because the world depicted is cast in the garb of the everyday, the mundane, and the events, set in recognizable surroundings that appear to be quite ordinary,[39] are intentionally presented with the "semblance of objectivity."[40]

39 Cf. Johnson, p. 270: "An oddly disturbing feature of the horrific in Dürrenmatt is that it often takes on a mundane everyday appearance." In a similar vein, Eggers notes how Aichinger's language contributes to the reader's sense that "eigentlich keine Sonderfälle, sondern Alltägliches, im Grunde zeitlos Geltendes, nur gewöhnlich nicht recht Gesehenes demonstriert wird" (p.229).

Thomson, too, distinguishing the grotesque from the fantastic, emphasizes that "the grotesque derives at least some of its effect from being presented within a realistic framework, in a realistic way" and stresses the "significance of the physical nature of the events and descriptions presented" (p.8). In this context one can also cite Egger's discussion of Aichinger's technical artistry that lets the very subjectivity that dominates her manipulation of imagery and language itself appear in such a way that it "in Objektivität ein- und übergehen muß" (Eggers, p.234).

40 Mueller, p.5. Mueller's assumption, however, that the attempt to create this "semblance of objectivity" is evidence that no alienation of the reader is intended,

It is in this context that the setting and its description assume special significance, particularly in Dürrenmatt's case. Unlike Kafka's works, usually set in a world "ohne Landschaft, ohne Meer, Berg, Fels und Grashalm" (Kayser, 158), Dürrenmatt's stories often employ the description and presentation of the external world to reflect the estrangement or antagonism inherent in that world, so that the landscape itself often serves to express the alienation or violence experienced or faced by the figures. The description of the winter landscape of "Weihnacht" thus includes elements, such as "Der Schnee war wie Glas," "Die Luft war tot," "Der Himmel schwarz. Die Sterne gestorben" (11); as does the setting in "Der Folterknecht": "Die Luft ist wie Stein. . . . Die Erde eitert. Die Dunkelheit lauert," "Die Luft ist siedendes Blei," "Der Mond ist braun" (15f.).[41] In "Der Hund" the sky is described as being "von einem tiefen, bedrohlichen Rot" and at sunset the city appears "wie unter einem Meer von Blut" (32). In "Der Tunnel" the only story in which the out-of-doors is presented in detail and described in positive terms, the apparent harmony and tranquility is only a Potemkin front to beguile the unwary, as subsequent events of the narrative reveal.[42]

The landscape or outdoor setting is less consistently used to represent existential anguish in the stories of Aichinger and Walser. While mention is made of the destructive force of turbulent weather and floods in "Eliza, Eliza" and the description of the day in "Das Plakat" incorporates the contradictory and paradoxical elements basic to the story, the descriptions in other works, such as "Spiegelgeschichte," belie the seriousness of the story that unfolds. In Aichinger's works only the frequent references to a "green" sky with its threatening implications can be construed as an indication of the potential "inroads of chaos upon the normal world," as the grotesque has been described.[43] In Walser's works most of the stories take place indoors and mention of the outdoor world is slight or totally absent. Only the use of the garden in "Ein Flugzeug über dem Haus" with its ominous though subdued elements of heat and insects and its repeated mention of the airplanes passing overhead might be cited as an exception.

---

is uninformed.

41 The description of the moon in "Die Falle" is even more severe: ". . . der Wind . . . jagte den Mond durch die öden Felder, daß dieser über die Hügel rollte, groß wie ein Haus, als ein fahler Kopf voll Schwären und Löcher, aus denen Riesenfliegen und grüne Käfer krochen" (101).

42 The initial sighting of the city in "Die Stadt" — "Sie war von wunderbarer Schönheit und oft durchbrach in der Dämmerung das Licht die Mauern wie warmes Gold" (109) — is also a positive one. Cf. Spycher, pp.106f.

43 Cf. Jennings, p. 153.

However, works of all three authors, as well as those of their predecessor Kafka, share a recurrent motif of coldness that can be viewed as a metaphor for alienation and the accompanying rigidity it precipitates. In "Der Umzug" the protagonist-narrator emphasizes the "Hauch unendlicher Kälte" associated with the inhabitants of the apartment dwellers and their automobiles, "der mir auch in Hochsommertagen schaurige Gänsehäute verursachte und alles Pfeifen meiner Lippen jäh einfrieren ließ" (40). When he nonetheless whistles, the motionless street "klirrte" and later he notes that the street appears frozen (40). The storylines in Aichinger's "Der Gefesselte" and "Die Seegeister" conclude with the approach of winter, and the actual or anticipated disasters are directly related to that season. In "Mein Vater aus Stroh," similarly, ice and freezing weather are essential elements in the story, and icicles are specifically singled out as the favorite companions or playthings of the father. Corresponding in no small part to the larger role assigned environmental conditions in Dürrenmatt's works, the use of coldness is even more common in his stories, which are frequently set in winter or at least include winter scenes.[44] "Weihnacht," "Der Folterknecht," "Der Hund," "Das Bild des Sisyphos," "Die Falle," and "Die Stadt" are all cases in point. The coldness is stressed by descriptive phrases: thus the hands of the *Folterknecht* are "wie Eis" (15); the girl in "Der Hund" appears in the narrator's room "bleich und zitternd, wohl auch frierend" (30); a group of children at play are viewed "durch ein halbvereistes Fenster" in "Das Bild des Sisyphos" (37); and snow, coldness, frozen wells and wintery landscapes are major factors in "Die Falle."

Faced with a world that frequently appears chaotic or hostile, the protagonists in these stories themselves exhibit symptoms of disorientation and suffer from loss of self-identity. In the attempt to come to terms with the reality of the world, the protagonists are typically ineffectual and ultimately they succumb, accepting failure or even death as their fate. This kind of condition of existence, at least for the more self-conscious, is defined succinctly by the narrating figure in "Die Stadt": "Wir erkannten, daß wir handeln mußten und wußten, daß wir ohnmächtig waren" (123).[45]

The disorientation and accompanying uncertainty that mark the protagonists are frequently expressed metaphorically by their loss of physical orientation, and their bewilderment is often reflected in the labyrinth of

[44] Cf. Brock-Sulzer, p.123.

[45] Cf. Peppard, p.24: "Lonely and isolated man confronts the enigma of the universe and its monstrous complexity; and his ridiculously inadequate attempts to understand it — or even a small, private part of it — lead to ludicrous defeat. Efforts to guide or control even a small segment of the world are doomed to failure."

streets or corridors, familiar from the works of Kafka, in which they find themselves and which frequently appear to imprison them. As a result they often become lost, and their confusion hampers their progress and adversely affects their goals or missions. The protagonist in Walser's "Der Umzug" has difficulty finding his wife in the unaccustomed spaciousness of their new residence and complains that it was so large, "daß ich oft lange laufen und tasten mußte, bis ich Gerda schmal vor einer der riesigen Wände fand" (40). In "Templones Ende" the increasing isolation of the residents in the villa district has physical manifestations: "die Mauern zwischen den einzelnen Grundstücken schienen von Jahr zu Jahr höher zu wachsen" (87).

In "Die Stadt," a place that has been called a "Metapher eines labyrinthischen Lebens,"[46] the narrator finds rooms in a house "innen alt und zerfallen, mit Treppen, die sich im Dunkeln verliefen" (113), and when he reports for civil service, it is in a building, not far away, yet located "in einer Gegend, die unübersichtlich war, obgleich sie äußerst regelmäßig geplant sein mußte" (126). Approaching the inner city, he notes that the houses, which moved together[47] to border the street without interruption, "wurden . . . niedriger und die Dächer breiteten sich weit über die endlosen Reihen der Schreitenden, die sich wie in Schluchten bewegten" (119). The narrator in "Das Bild des Sisyphos," recalling a small village in Switzerland, remarks how "die wenigen Hütten . . . sich gespenstisch zu einem Genist von Treppen, Korridoren und unfreundlichen Räumen zusammengezogen [haben], durch die [er] aufgeregt hin und her eil[t]" (37); later he struggles to find his way in the dark through a maze-like dwelling, fumbling through large rooms and down long hallways, climbing twisted stairs and scaling ladders, stumbling over furniture, uneven floors and overturned bookcases, and then over posts and rafters in the attic rooms. The protagonist-narrators in "Der Hund" and "Die Falle" have similar experiences. The former finds the town "verwirrend, obgleich sie klar und einfach angelegt war" (26); the latter, sensing he is being stalked, pauses "durch den Nebel verwirrt, der unmittelbar vor [ihm] aufragte, eine unbestimmte, dichte Wand aus Glas, in der die Sterne flackernd versanken" (76); his stalker speaks of a village "ohne Kirche und Friedhof, ohne Mitte und ohne Form" (82) and later tells of being led by a woman to a house and then of being guided "ins Innere des Hauses, durch Gänge und über neue Treppen . . . in vollkommener Finsternis," before being brought to a small dark room whose windows are boarded shut (86f.). The narrator in "Das

---

46 Knapp, *Dürrenmatt*, p.18.

47 The personification of the buildings, cited above, contributes to the threatening mood of the setting depicted here, and elsewhere.

Bild des Sisyphos" similarly recalls walking through thick fog, disoriented and confused by spatial relationships, as if "in einem Keller, in den wir heimlich gedrungen waren" (44); later he moves in the flickering light of a fireplace, which on occasion left him "in tiefem Dunkel auf den Böden oder auf den Leitern irgendwo in dem unübersichtlichen Raume," before climbing over "einen wirren Haufen umgestürzter Büchergestelle mit dicken Foliaten" (53) to find finally the fragile figure of 'Rotmantel.'

The construction of the theater in "Der Theaterdirektor" reflects the same turmoil and disarrayment: externally the building appears "als eine ungeheuerliche Mischung aller Stile und Formen" that intentionally emphasized "das Tote" (66). It is without any trace of beauty and boasts "Eisentüren, die oft über allem Maß riesenhaft, bald aber auch geduckt wie Gefängnistüren waren." The narrator gives the following description:

> Der Bau schien durch ungefüge Zyklopenhände aufeinandergetürmt worden zu sein, in sinnlosen Marmorblöcken, an die sich schwere Säulen ohne Zweck lehnten, doch war dies nur scheinbar, denn alles an diesem Bau war auf bestimmte Wirkungen hin berechnet, die darauf ausgingen, den Menschen zu vergewaltigen und in den Bann einer reinen Willkür zu ziehen. . . . Erschreckender noch war das Innere mit dem Theatersaal. Er lehnte sich an das griechische Theater an, seine Form wurde jedoch sinnlos, weil sich über ihn eine seltsam geschwungene Decke spannte, so daß wir nicht zu einem Spiel zu schreiten schienen, als wir diesen Saal betraten, sondern wie zu einem Fest im Bauch der Erde. (66f.)

In the course of the events depicted, which disrupt the apparent normalcy of their lives, many of the protagonists also exhibit symptoms of the alienation they suffer, symptoms that in turn affect either their own appearance or behavior. The moviegoers in "Die letzte Matinee," the musician-bellboys in "Was wären wir ohne Belmonte," the young man in "Ein Flugzeug über dem Haus" and the apartment residents in "Der Umzug" all have lost, or come to lose, their unique distinguishing characteristics as individuals and to a great extent even those qualities that constitute their nature as human beings. The man in "Gefahrenvoller Aufenthalt," overcome with fatigue and ennui, withdraws from society completely by lying down and remaining immobile, refusing to participate, even verbally, in the world about him. The moviegoers, also, have retired to the world of film fantasy and, animated only in their discussion of those films, are oblivious to the reality about them. Similarly the narrator in "Wo ich wohne," startled to find her apartment one flight lower, reacts by feeling suddenly weak and retiring to bed: "Von Zeit zu Zeit bin ich immer noch verlockt, aufzustehen und hinaufzugehen und mir Gewißheit zu verschaffen. Aber ich fühle mich zu schwach . . ." (56). She ultimately accepts the puzzling change rather than risk an encounter with an earlier neighbor, who continues to live on the floor they once shared, refusing to verify or even to discuss her experiences with neighbors, the custodian or her own roomer. The *Pförtner* in Walser's "Die Klagen über meine Methode häufen sich" finds himself increasingly incapable of dealing with the confrontations of daily life and seeks comfort in the belief that even a *Pförtner* needs the courage and fortitude of a bankrobber to continue in his position.

The world in which the protagonists find themselves provides little opportunity for solace, and they frequently face or are confronted with approaching doom or death at the conclusion of the stories. The protagonist in "Weihnacht" finds neither nourishment nor comfort in the Christ-Child and wanders on in dismal loneliness and hunger; the central figure in "Der Folterer" is killed by the one with whom he changed places; the narrator in "Der Hund" comes too late to save the preacher; in "Das Bild des Sisyphos" he is sickly and uncertain and remains an outsider as the powerful rivals are ultimately destroyed; in "Der Theaterdirekor" the main figure, though apparently more perceptive than most, is also swept up in the demonic grip the director wields over the city and its inhabitants; in "Die Falle" the protagonist is saved from his anticipated murder only by the suicide of his would-be assailant; at the end of "Die Stadt," a work which has been called "a Kafkaesque world of nightmare and guilt,"[48] the narrator finds himself an inmate of the city's gigantic jail; the protagonist in "Der Tunnel," despite his insight, can save neither himself nor his fellow passengers; and Pilatus, in the story of that name, realizes the divinity of Christ but is unable to comprehend it. In "Seegeister" the man in the motor boat eventually chooses suicide in his despair; the woman, living with the constant threat of extinction, faces the onslaught of winter with the increased difficulties it poses for her survival; the sailor, attempting to prove himself in the eyes of the three gigling girls, drowns. The paper figures and the lady of the house in "Eliza, Eliza" plummet earthward at the conclusion of the story; "Das Plakat" ends after the shredding of the placard and the death of the child; the doll in "Die Puppe," forgotten and useless, has no future; the bound man, his newly acquired and successful life-style destroyed, is faced with yet unknown uncertainties. (Positive outcomes are also absent from Walser's stories, although uncertainty, rather than a defined and dire end, awaits most of his protagonists.)

The final aspect of our discussion of the grotesque in the early writings of the post-Kafkan generation — the impact of these texts upon the reader

48 Tiusanen, p.33.

and particularly the reader-alienation that frequently results — speaks clearly to the close relationship between the works of these writers and Kafka's own prose. A number of other features, in addition to the need to reconcile the unexpected and incomprehensible with the familiar, contribute to this characteristic phenomenon of reader-alienation. Significant among these is the absence of an omniscient narrator and the guidance frequently associated with such omnisicience. Whether related in first-person or in the third-person-singular preferred by Kafka, the narrating figure's view and comprehension is severely limited — and that limitation is shared by the reader.[49] The narrator, whether human or non-human, neither possesses the broad view of the situation or event being portrayed nor is able to impart additional material that might aid the reader in appraising the intent, impact, or significance of the situation or events. Rather the reader is compelled to share (to the extent that a reader of fiction can) the doubts, uncertainties, and frustrations of the narrator-protagonists. Even in those cases, such as "Eliza, Eliza," where no narrator is identifiable, the restrictions are not eased and the narrative perspective remains severely limited. Thus for the reader, as well, the world depicted in the works or the events that take place within its frame of reference appear — and remain — inscrutable and alien. In Kayser's words:

> Die Ratlosigkeit des Beschauers ist das Korrelat zu jenem Wesenszug, der sich bei allen Gestaltungen des Grotesken als bestimmend heraushob; daß der Gestaltende selber keine Sinndeutung gab, sondern das Absurde gerade als das Absurde stehenließ (Kayser, 38).

As a result of the limitations in perspective, the reader is as disoriented as the fictional figures when that which was "vertraut und heimisch" suddenly reveals itself to be "fremd und unheimlich." Kayser continues: "Es ist unsere Welt, die sich verwandelt hat. Die Plötzlichkeit, die Überraschung gehört wesentlich zum Grotesken" (Kayser, 198f.). Since there is no attempt on the part of the author to explain or define, the reader of "Eliza, Eliza" is given no alternative to the fusion and confusion of "reality" experienced by the protagonist and no frame of reference to judge the reliability of the fantasy projections of that protagonist, no standards to evaluate the perceptions of the first person narrator in "Mein Vater aus Stroh"; and no clue as to the cause, meaning or significance of the "Entfremdung der Welt" he has witnessed. The reader, granted only the same limited perception held by the protagonist, is privy to no attempt on the part of the author

49 While limitation of narrative perspective is neither new nor exclusively a feature of the grotesque, the form found in the grotesque is unique with regard to the manner in which it is employed and its intended reader-impact.

to explain, or define, the force or forces at work behind the reality depicted in the stories.

The existential disorientation and uncertainty of the reader thus incurred is further heightened by the position, attitudes or behavioral patterns of the protagonists whose perspective the reader is forced to share and with whom he is frequently unable to identify emotionally, a feature which Kayser has described as a distinguishing aspect of Kafka's own prose and one which significantly affects the reception of the work. His comment, "der Kafkasche Erzähler[50] . . . entfremdet sich uns, indem er emotional anders reagiert, als wir es erwarten" (Kayser, 160), is equally valid for the three authors under discussion. Not only does the reader often find it difficult to accept the human-like consciousness granted inanimate or animal identities and to identify personally with them, but when the subject is human, the reader's reaction most frequently does not match that of the protagonist or narrator-figure.[51] He finds it difficult, for example, to accept the absence of any emotional reaction in the tale of the dead girl in "Spiegelgeschichte" or to share the young man's reluctance to test whether his immobility is self-willed in "Gefahrenvoller Aufenthalt." He is baffled by the *Selbstverständlichkeit* with which so many of the figures accept the strange and inexplicable events about them or their own transformations, dispositions and misfortunes. The pianist in "Belmonte," the bound man in "Der Gefesselte," the boatsman and the woman with the sunglasses in "Seegeister," the apartment dweller in "Wo ich wohne" and the narrator-figure in "Der Hund" are only a few examples of individuals who, though not indifferent to their fate, accept the alterations affecting their lives with bewildering near docility.[52]

---

50 Kayser, who often fails to distinguish between 'author' and 'fictive narrator' in his use of the word *Erzähler*, uses the term here to refer to the protagonist from whose perspective the incidents are viewed or who functions as narrator within the story, presenting his perceptions to the reader.

51 Cf. Jennings, p.127, who notes an "unnatural lack of human feelings" in the works of the 19th century he discusses.

52 The response of the protagonist and the description of his reaction in the final moments depicted in "Der Tunnel" are characteristic for the grotesque: "'Was sollen wir tun?' 'Nichts' antwortete der andere unbarmherzig, ohne sein Gesicht vom tödlichen Schauspiel abzuwenden, doch nicht ohne eine gespensterhafte Heiterkeit" (p.167).

Cf. Kayser, p.38: "Das mit dem Lächeln gemischte Grauen hat seinen Grund nicht eben in der Erfahrung, daß unsere vertraute und scheinbar in fester Ordnung ruhende Welt sich unter dem Einbruch abgründiger Mächte verfremdet, aus den Fugen und Formen gerät und sich in ihren Ordnungen auflöst."

When action does occur, the reader is frequently confronted with what appears to be complete and unexplained disregard of human behavioral norms. The wealthy man who sought to exchange his form and role with the torturer; the woman who shows no grief at her husband's death and takes home with her the man whom she mistakes for his executioner ("Die Stadt"); and the unmotivated murders of sleeping partners ("Der Folterknecht" and "Die Falle") are illustrative of behavior with which there is no reader-identification. Contextually inappropriate and incongruous sexuality, prominent in Kafka's stories, constitutes yet another source of unexpected behavioral patterns. The sexual appetite Templone's daughter discovers late in life and that of the old and decrepit professor in "Templones Ende," the alacrity with which the narrators fall into bed (with the girl in "Der Hund" and the widow in "Die Falle"), the "Worte von einer erschreckenden Unanständigkeit" (126) with which the young, fresh-looking girl in "Die Stadt" accosts the narrator are all at odds with accepted convention and reader-expectation. The reaction of the reader to the incidents depicted and to the experiences and behavior of the protagonists may occasionally be one of horror, of distaste or repugnance, of confusion or perplexity; most consistently, however, it culminates in a feeling of estrangement or alienation. This reaction is further heightened by a quality of the narrative stance — an emotional distancing on the part of the narrative voice — that results in a prose-style to which the name "kalte Groteske" (Kayser, 160) has been applied. This distanced narrative stance and the concomitant *Verfremdung* that sets in between narrator, text and reader are characteristic of the early short prose of Walser, Aichinger and Dürrenmatt and accentuate their bond to Kafka.[53]

Though derived partially from the nature of the grotesque itself, which is typified by detached objectivity and exactness of depiction — the "stark betonte Gegenständlichkeit" of which Kayser speaks (Kayser, 78), the absence of emotional involvement or commitment on the part of the authorial voice, and the resulting reader disorientation are specifically

---

53 Although Peppard does not use the term "kalte Groteske," his description of the narrative voice in Dürrenmatt's stories — "the narrator seems remote and impersonal and more like a 'K.' of Kafka than a living voice that invites or establishes intimacy . . . with the reader" (p.19) — corresponds closely to that concept.

Eggers, similarly, in describing Aichinger's style, comments: "Das Träger-Ich steht nicht mehr seiner eigenen Geschichte gegenüber, sondern spricht sich als ein so oder so existierendes aus" and notes that in some works, "auch noch die Bindung an ein Träger-Ich aufgegeben [wird], so daß die Sprache zum reinen poetischen Ort der jeweiligen Existenzfigur werden kann" (p.228).

linked to Kafka's writings and their form of the grotesque. Continuing in his description of this uniquely Kafkan form, Kayser comments:

> Bei Kafka wissen wir nicht, ob uns ein Lächeln erlaubt ist . . . Wir wissen ebensowenig, ob und wann wir Schauder empfinden sollen oder dürfen. Zwischen Erzähler und Leser hat sich eine Fremdheit gestellt, wie es sie wohl noch niemals gegeben hat. (Kayser, 160)

Moments of terror, lust, fear or bewilderment are related with an exactness and a lack of emotional subjectivity that seem all but incongruous. Even in the midst of describing events of horror, cruelty, or gruesomeness, the stance of the narrator remains strikingly dispassionate and objective. In an almost robot-like manner, events are registered but fail to elicit emotional responses. The often striking discrepancy between the narrative content and the narrative stance that results is perceived by the reader and contributes substantially to his estrangement.[54] Thus the lack of emotional response or involvement on the part of the narrating consciousness reenforces and accentuates the alienation[55] of the reader that had been initiated by the realities with which he is confronted, nurtured by the limited vision granted him, and underscored by the failure of the figures to act within the usual behavioral norms or to respond as expected to the situations and events with which they are confronted.

Although the grotesque functions differently in the literary works of the three authors of the post-Kafkan generation discussed above — it is essentially a tool of social criticism in Walser, merges with the absurd, or the visionary and mystical[56] in Aichinger and is the expression of a personal world view in Dürrenmatt[57] — it serves in all three cases as the form of the authors' literary response to the world about them — and its role in the

---

[54] Johnson speaks of the "clash between content and presentation" that characterizes the grotesque (p.264); Thomson describes "the basic definition of the grotesque" as exactly this "*unresolved clash of incompatibles in work and response*," adding that this clash is paralleled by the ambivalent nature of the abnormal as present in the grotesque (p.27). In this context, Eggers' comment that Aichinger's "Emotionslosigkeit der Sprache" stands "in entschiedenem Gegensatz . . . zur Gewichtigkeit des Bedrohlichen und zur Bedeutung der Grenzsituation" (p.229) assumes special significance.

[55] Cf. Thomson, p.59: "This effect of the grotesque can best be summed up as *alienation*. Something which is familiar and trusted is suddenly made strange and disturbing. Much of this has to do with the fundamental conflict-character of the grotesque, with the mixture of incompatibles characteristic of it." Indeed, for Thomson the fundamental element of disharmony in the grotesque exists "not merely in the work of art as such, but also in the reaction it produces" (p.3).

[56] Cf. Lorenz, p.23, etc.

[57] Cf. Johnson, pp.264ff.; Helbling, p.252; and Sanders, p.302.

works under consideration is both significant and substantial. The formulations of the grotesque found in these stories affect the content through the often dramatic fusion or combination of variant existence-forms. This same feature is evident in the imagery used by all three authors and, combined with the use of limited perspective and the absence of an omniscient narrator, stylistic features familiar from the works of Kafka, colors the literary style they employ. The stories, like those of Kafka, share as well the portrayal of the world, or society, as essentially alien to the nature and desires of the protagonists and often harboring an implicit threat to them or to those around them. The ultimate estrangement of the reader that results from the unexpected behavior of the protagonists, the limitations of the narrative perspective, and the coldly objective narrative stance found in the early writings of these authors not only reveals their striking similarity to Kafka's form of the grotesque, but also demonstrates the significance of their formulation and implementation of the grotesque.

Kreativer Gebrauch literarischer Kurztexte im Fremdsprachenunterricht

CLAUS RESCHKE

University of Houston

Motivation ist die geheime Triebkraft des Lernenden. Um wievieles einfacher wäre unsere Aufgabe als Sprachlehrer, könnten wir sie unseren Schülern und Studenten periodisch in einem schmackhaften Trunk verabreichen. Alas! So zerbrechen wir uns denn regelmässig die Köpfe darüber, wie sich die Motivation des Lernenden erhalten und periodisch auffrischen läßt.

Eine von verschiedenen recht erfolgreichen Methoden, die wesentlich zur Erhaltung und Auffrischung der Lernmotivation im Fremdsprachenunterricht beiträgt und die gleichzeitig alle vier Sprachfertigkeiten anspricht und weiterbildet, ist der Gebrauch literarischer Kurztexte im Sprachunterricht. Es handelt sich hierbei um eine Methode, bei der die Kreativität des Lernenden durch den Gebrauch dieser Art von Texten angesprochen und in den Lernprozeß mit eingeschaltet wird. Diese Texte werden jedoch nicht verwandt, um sie primär auf ihren literarischen Wert oder ihre psychologischen und philosophischen Einsichten hin auszuschlachten. Im Gegenteil, sie stehen hauptsächlich im Dienst der Sprachausbildung, wobei aber nur ganz nebenbei daran gedacht wird, mit ihrer Hilfe grammatische Konzepte zu wiederholen oder komplizierte Satzkonstruktionen zu besprechen.

Gehen wir davon aus, daß es sich bei der weitaus größten Gruppe der Lernenden um junge Menschen handelt, die dem Leben nicht zynisch sondern aufgeschlossen gegenüberstehen und die bereit sind, sich selbst — d.h. ihre Gefühle, Gedanken und Reaktionen — anderen, besonders Gleichaltrigen, mitzuteilen, so besteht unsere Aufgabe als Lehrer in erster Linie darin, Situationen und Lerntätigkeiten zu schaffen, die in sich selbst interessant sind, und die den Lernenden, den ganzen Menschen, mit seinen Gefühlen, seinen Einstellungen und seinen ganz persönlichen Ansichten ansprechen. Hierzu eignen sich literarische Kurztexte besonders gut, egal ob es sich bei diesen um kleine Gedichte oder kurze Prosatexte handelt.

Auf der untersten Stufe sollte man den Lernenden zunächst einmal nur dazu anregen, sein Verständnis des Textes und seine Reaktion zu ihm in seiner Muttersprache zum Ausdruck zu bringen. Mit wachsender Kenntnis der Zielsprache, selbst in Anfängerunterricht, wird der Lernende dann dazu angehalten, eine inhaltliche Zusammenfassung und seine eigenen Reaktionen zum Gelesenen zu geben, und dies entweder mündlich oder schriftlich. Auf diese Weise werden selbst auf der Unterstufe alle vier Sprachfertigkeiten — Hörverstehen, Leseverständnis, Sprechen und Schreiben — weitergebildet und zwar durch Tätigkeiten, die den Lernenden auffordern, nicht nur eine Zusammenfassung des Textinhaltes zu liefern, sondern ebenso seine eigenen Reaktionen zum Text zu registrieren, sie zu beschreiben und sie entweder in der gelenkten Diskussion mit seinen Klassenkameraden oder in einer schriftlichen Arbeit zum Ausdruck zu bringen und sie somit anderen mitzuteilen.

Auf die Dauer wirkt aber auch diese Tätigkeit ermüdend und langweilig, besonders auf der fortgeschrittenen Ebene. Deshalb ist es hier angebracht, einen Schritt weiterzugehen und den Lernenden über seine Reaktionen und Erwartungen zum Text, oder seine Vermutungen über das Gelesene oder Gehörte hinaus direkt in den kreativen Prozeß des Sprachschaffens mitzuverwickeln. Dieses Vorgehen hat für junge Menschen einen ganz besonderen Anreiz, da sie nunmehr — völlig auf sich selbst angewiesen — *allein* für ihre sprachschöpferische Tätigkeit verantwortlich sind — egal ob sie nun schriftlich oder mündlich ausgeübt wird — und auf diese Weise ihre eigene Kreativität in der Zielsprache unter Beweis stellen können.

Woran ich hier insbesondere denke, ist die Lernenden mit verhältnismässig kurzen, nicht zu komplizierten Gedichten und kleinen Prosatexten in Kontakt zu bringen, die vor allem für sie (und nicht nur für den Lehrer) vom Thema her interessant sind und die ihnen entweder *in toto* oder gekürzt vorgelegt werden. Schüler und Studenten werden dann aufgefordert, entweder Titel, Alternativtitel und Alternativhandlungen zu erfinden, oder aber den unvollständig vorgelegten Text selbst zu Ende zu schreiben.

Hilde Domins Gedicht "Beklemmung" ist vom Thema her ein Text, der sich für diesen Zweck besonders gut eignet.[1]

---

1 Hilde Domin, "Beklemmung," *Hier* (Frankfurt: S. Fischer, 1984), S. 22.

Beklemmung

Mich ängstigt
die Arroganz
diese Sicherheit
ohne Sicherheit
derer die beim Gasometer wohnen
und den Flieder hassen.
Finger
ohne Fingerspitzen
immer in Tuchfühlung
Staunen
künstlich
produzierend
fischherzig
wie die Fische in Schwärmen
hinter dem Leitwort
flitzend.

Es ist wahr, ich ängstige mich
vor der Kathode
im Gehirn
vor dem Druck dieses Knopfs
der den Hahn
(einen Hahn in New York,
einen Hahn in Frankfurt)
zur gleichen Minute
krähen macht.

Man könnte dem Lernenden zum Beispiel sofort den ganzen Text des Gedichtes in die Hand geben. Das Gedicht selbst ist sehr persönlich, und seine Themen — Angst und Unsicherheit — sind dem jungen Menschen von heute nicht fremd. Besser, und vom Pädagogischen her vielleicht produktiver, ist es, Schülern und Studenten nur einen Teil des Textes, ohne Titel, in die Hand zu geben — entweder die ersten sechzehn oder nur die ersten sechs Zeilen des Gedichtes — und sie aufzufordern, das Gedicht in nicht mehr als weiteren zehn Zeilen zu Ende zu schreiben.

Eine etwas einfachere Aufgabe, die sich in Einzelfällen sogar schon auf der Unterstufe mit Erfolg anwenden läßt, ist, den Lernenden, die nur die erste Strophe und den Anfang der zweiten Strophe erhalten haben, die

Möglichkeit zu geben, das vor ihnen liegende Gedicht so zu Ende zu schreiben und zu betiteln, wie ihnen dies nach eigenem Ermessen und anhand der ersten Strophe am richtigsten erscheint.

Mich ängstigt
die Arroganz
diese Sicherheit
ohne Sicherheit
derer die beim Gasometer wohnen
und den Flieder hassen.
Finger
ohne Fingerspitzen
immer in Tuchfühlung
Staunen
künstlich
produzierend
fischherzig
wie die Fische in Schwärmen
hinter dem Leitwort
flitzend.

Es ist wahr, ich änstige mich
vor ...
...
vor ...
...

Auf diese Weise wird den Schülern und Studenten nicht nur verdeutlicht, wovor das lyrische Ich sich ängstigt, sondern ebenso der Leser, was von einem Schüler oder Studenten zum anderen unterschiedlich ist, jedem von ihnen jedoch das Gefühl gibt, dem lyrischen Ich durch seine eigene Aussage und Stellungnahme zum Thema irgendwie verbunden zu sein.

Eine Variante dieser Aufgabe wäre, einzelne Zeilen des Gesamttextes zu streichen und sie durch den Lernenden ersetzen zu lassen. Zugegeben, dies ist eine etwas schwierigere Aufgabe, die den Umfang der Lebenserfahrung des einzelnen Lesers direkt anspricht, seinerseits zu Vermutungen einlädt, und nicht von jedem Lernenden erfolgreich gelöst werden kann. Die Aufgabe wird leichter, wenn nur jede zweite Zeile vom Lernenden ersetzt werden muß und auch der Titel des Gedichts vorgegeben ist.

Weitere Gedichte, die auf ähnliche Weise im Fremdsprachenunterricht verwendet werden können, und die die Motivation der Lernenden aufgrund des persönlichen Erfolgserlebnisses immer wieder von Neuem anfeuern —

besonders dann, wenn mit Einverständnis der Betreffenden einzelne, besonders gelungene oder originelle Versionen der Schüler und Studenten in der Klasse vorgelesen und gemeinsam besprochen werden — sind zum Beispiel Frank-Wolf Matthies' "Niemand" oder "Was Spaß macht," Hans Magnus Enzensbergers "middle class blues" und Yaak Karsunkes "Altersheim" oder "Rede und Antwort."[2] Matthies' Gedicht "Niemand" kann für kreative Zwecke in Einzelfällen schon mit gutem Erfolg auf der Unterstufe gebraucht werden, wogegen sich die anderen hier erwähnten Gedichte wohl am erfolgreichsten von der Mittelstufe an verwenden lassen, besonders dann, wenn es in der Aufgabenstellung um die Vervollständigung des absichtlich gekürzten Gedichtes geht. Hier ist eins der Beiden erwähnten Gedichte von Karsunke in ungekürzter Form.

altersheim

ach du
kriegst die tür nicht mehr zu
kriegst die motten
du kriegst den druck nicht mehr weg
aufn hals unterm kragen
und kriegst das alte
lied nicht mehr raus
ausm mund ausn ohren
du kriegst keinen orden kaum rente
wir geben dir jetzt
nochmal zwei jahre bewährung
die kriegst du auch noch rum
und die rechnung
für die beerdigungskosten
kriegt schon dein enkel
: ach der

Die ist ein typisches Gedicht zum Weiterschreiben, besonders dann, wenn man dem Lernenden nur die ersten acht Zeilen des Gedichtes, ohne Titel, gibt. Was bei der Aufgabe, das Gedicht in nicht mehr als weiteren zehn Zeilen zu Ende zu schreiben, herauskommt, ist oft erstaunlich, da der

---

2 Hans Magnus Enzensberger, "middle class blues," *blindenschrift* (Frankfurt: Suhrkamp, 1965), S. 32-33; Yaak Karsunke, "Altersheim," "Rede und Antwort," *Kilroy und andere* (Berlin: Rotbuch Verlag, 1967), S.14, 21; Frank-Wolf Matthies, "Was Spaß macht," "Niemand," *Morgen* (Reinbeck/Hamburg: Rowohlt, 1979), S. 98-99, 108-109.

Anfang des Gedichtes keine eindeutigen Hinweise auf die Person des lyrischen Ichs gibt. Erhält der Lernende dagegen sofort den ganzen Text des Gedichtes, so eignet sich dieses vielleicht am besten als Sprungbrett für eine Diskussion zum Thema "Altern" oder "Altersheim." Im Gedicht werden Welt und Umwelt des Ichs hauptsächlich aus der Perspektive der anderen, der alten Person gesehen. Da die meisten Lernenden verschiedene alte Leute kennen — Nachbarn, Verwandte, Freunde der Familie und dergleichen mehr — fordert sie dies Gedicht auf, die Welt einmal aus der Perspektive dieser alten oder alternden Personen zu sehen. Eine der Diskussion folgende, schriftliche Hausaufgabe (ca. 250-350 Wörter lang) zum allgemeinen Thema *Altern* oder *Altersheim* beschließt dann diesen Themenkreis.

* * * * *

Doch nicht nur Gedichte, auch Prosatexte eignen sich dazu, den Lernenden in den sprachlichen Schaffensprozeß anhand einer Textvorlage zu verwickeln. Der ausgewählte Text wird den Schülern und Studenten entweder vollständig oder wiederum nur teilweise vorgelegt. Durch ihn wird der Lernende angeregt, seine eigenen Erfahrungen und Erlebnisse zum im Text behandelten Thema niederzuschreiben oder in einem mündlichen Bericht zusammenzufassen, den gekürzten Text anhand des Gegebenen selbst zu vervollständigen, oder für den Text von einem bestimmten Moment der Handlung an eine Alternativhandlung zu erfinden. Die folgende kleine Kurzgschichte (gekürzt) von Tina Fierz-Herberg hat sich hierbei auf der Mittelstufe mit besonders gutem Erfolg bewährt.[3]

Der wunderbare kleine Soldat

Man sagt bei uns, daß der Weihnachtsmann die Kinder auf der ganzen Welt am Heiligen Abend beschenkt, was natürlich eine schwere Arbeit ist. Mutter und ich fanden deshalb die Idee des Weihnachtsmanns sehr vernünftig, schon einige Wochen vor dem Fest Geschenke bei den Eltern braver Kinder abzugeben. Auch ich begriff, daß es auf keinen Fall in Ordnung gewesen wäre, wenn ein Kind in der Wohnung herumgeschnüffelt hätte.

Es war der Tag vor Weihnachten. Meine Eltern machten einige Besorgungen in der Stadt, und mein Freund Peter und ich saßen im Wohnzimmer und spielten. Keiner wußte später zu sagen, wie es begonnen hatte, aber auf einmal begannen wir in den Ecken und Winkeln

3 Tina Fierz-Herberg, "Der wunderbare kleine Soldat," *Das schöne_Fest*, Hrsg. Juliane Metzger (München: Betz Verlag, 1970), S. 26-27.

herumzusuchen. Wie von einem Magnet angezogen, hoben wir die grünen Sofafransen, und was wir da erblickten, ließ uns sekundenlang den Herzschlag stocken. Wir hatten unter dem Sofa das Versteck des Weihnachtsmanns entdeckt!

Wir hatten wohl den Wunsch, der Versuchung zu widerstehen, aber es gelang uns nicht. Da lagen zwei große, fest verschnürte Pakete und ein kleineres, längliches, ohne Schnur. "Laß uns wenigstens in das reinsehen," flüsterte ich. Das Herz klopfte mir vor Aufregung und Gewissensnot, aber auch vor unwiderstehlicher Neugierde, als ich das Paket langsam hervorzog. "Mensch," sagte ich, "das ist was mit 'nem Schlüssel." — "Mit was für einem Schlüssel?" flüsterte Peter. "Zum Aufziehen," antworte ich und flüsterte auch. Es war ein kleiner Soldat, der da mit geschultertem Gewehr und einem reizenden Helmchen vor uns lag.

Da fischte ich den winzigen Schlüssel heraus und steckte ihn dem kleinen Soldaten mitten in den Rücken. Der Schlüssel drehte sich mit hartem kratzendem Geräusch, und der kleine Soldat begann zu zittern und zu zucken. Peter schlug den Teppich zurück und ich setzte das Figürchen auf den Boden. Zu meinem fassungslosen Entzücken begann der kleine Soldat zu maschieren. Aber der Charme dieses Kerlchens war noch nicht erschöpft. Bei jedem dritten oder vierten Schritt hob er grüßend die rechte Hand an den Helm.

Plötzlich hörten wir, wie sich draußen an der Wohnungstür ein Schlüssel im Loch drehte. Wie gelähmt blieb ich mit hängenden Armen stehen. Aber Peter . . .

Eine sinnvolle Aufgabe für Schüler und Studenten der Mittel- und Oberstufe ist es, ein ähnliches, eigenes Kindheitserlebnis zu berichten (entweder mündlich oder schriftlich), oder die Erzählung nach eigenem Ermessen zu Ende zu schreiben. Derartige Aufgaben regen sowohl die Fantasie als auch die Kreativität des Lernenden an und motivieren ihn, sich selbst und seine *eigenen* Gedanken in der Zielsprache mitzuteilen. Und darum geht es uns letzten Endes doch im Fremdsprachenunterricht.

Ein wesentlich kürzerer Text, der ebenso vom Lernenden vervollständigt werden sollte, ist folgende kleine Szene, die sich ihrer Kürze wegen leicht innerhalb einer Klassenstunde, entweder mündlich oder schriftlich, verwenden läßt. Diese kurze Szene stammt aus der Feder Helga Novaks und eröffnet die Kurzgeschichte "Eis."[4]

---

[4]Helga Novak, "Eis," *Palisaden* (Darmstadt: Luchterhand, 1980), S. 60-61.

Eis

Ein junger Mann geht durch eine Grünanlage. In einer Hand trägt er ein Eis. Er lutscht. das Eis schmilzt. Das Eis rutscht an dem Stil hin und her. Der junge Mann lutscht heftig. Er bleibt vor einer Bank stehen. Auf der Bank sitzt ein Herr und liest eine Zeitung. Der junge Mann bleibt vor dem Herrn stehen und lutscht.

Der Herr sieht von seiner Zeitung auf. Das Eis fällt in den Sand.

Der junge Mann sagt, was denken sie jetzt von mir?

Der Mann sagt erstaunt, . . .

Die besondere Schwierigkeit mit diesem Text liegt darin, daß der Lernende nicht unbedingt auf seine eigenen Erfahrungen in einer derartigen Situation zurückgreifen kann, um den Text zu vervollständigen. Im Gegenteil, der Text verlangt vom Schüler oder Studenten, daß er sich sowohl in die Lage des zeitunglesenden Herrn, als auch in die Lage des Protagonisten versetzt, um der kleinen Szene einen passenden Abschluß zu geben, der wiederum individuell sehr verschieden ausfallen kann.

Kurze Prosatexte von Heike Doutiné, wie "Baby-Futur für Gegenwartseltern," Günter de Bruyns "Kurz vor Feierabend" und Friederike Mayröckers "Als hätte ich eine Schwalbe gehört," eignen sich ebenso gut für Lernende der Mittel- und Oberstufe für Aufgaben der Textvervollständigung oder der Erfindung eines Alternativgeschehens.[5] Hierher gehören ebenso die Kurztexte des Schweizer Dichters Franz Hohler, die von der Handlung her oft recht ungewöhnlich sind, wie zum Beispiel "Der Verkäufer und der Elch," "Das Fußballspiel" oder "Die Reinigung."[6]

Zum Abschluß möchte ich Frank Hohlers kleine, makabre "Flugzeuggeschichte" als geeignetes Textbeispiel zum Gebrauch auf der Oberstufe heranziehen.[7]

---

[5] Günter de Bruyn, "Kurz vor Feierabend," S. 23-25; Heike Doutiné, "Baby-Futur für Gegenwartseltern," S. 87-90; Friederike Mayröcker, "Als hätte ich eine Schwalbe gehört," S. 77-78, *Kontakte mit der Zeit*, Hrg. Dieter Stöpfgeshoff (München: Hueber, 1981).

[6] Franz Hohler, "Die Hinrichtung," "Das Fußballspiel," "Eine ganz neue Erfindung," "Die Reinigung," "Der Verkäufer und der Elch," "Ein erschreckender Anblick," *Ein eigenartiger Tag* (Darmstadt: Luchterhand, 1980), S. 56, 61, 69-70, 73, 74-75, 87.

[7] Franz Hohler, "Eine Flugzeuggeschichte," *Ein eigenartiger Tag*, S. 82.

Eine Flugzeuggeschichte

In einem Flugzeug löschten während eines sehr unruhigen Fluges plötzlich drei Buchstaben einer Leuchtschrift aus. Die Aufforderung NO SMOKING hieß jetzt NO KING. Dem schenkte niemand Beachtung, bis die Passagiere bemerkten, daß trotz der Ankündigung, man werde jetzt bald landen, das Flugzeug nicht landete. Einigen Leuten schien es, der Ankunftsort sei erreicht, und sie glaubten ihn bereits tief unter sich wahrzunehmen, tiefer unten, als die Stadt eigentlich bei einem Anflug hätte sein müssen. Es machte sich jetzt auch eine gewisse Hast unter den Stewardessen bemerklich, man sah, daß sich zwei etwas zuflüsterten und sich dann die dritte zur Pilotenkabine begab. Als sie wieder herauskam, war sie sehr bleich, und ihre Lippen zitterten, als sie sagte: "Ist zufällig ein König unter den Passagieren?" In der ersten Klasse erhob sich ein kleiner, dunkler, kraushaariger Herr mit einer goldumrandeten Brille und stellte sich als König eines afrikanischen Landes vor, das wie Basotho oder Basoko tönte. Die Stewardeß bat ihn, mit ihr nach hinten zu kommen. Dort sprach sie sehr eindringlich mit ihm, aber so leise, daß niemand verstand, was sie sagte. Man sah nur, wie sich gleich darauf eine Luke im Boden öffnete, durch die der König in aufrechter Haltung, wenn auch mit etwas traurigem Blick, hinaussprang.

Hierauf fiel die Leuchtschrift ganz aus, und das Flugzeug landete mit geringer Verspätung an dem zur Ankunft vorgeseheenn Ort.

Man kann diese kurze, ungwöhnliche Geschichte mit dem zweitletzten Satz enden und sie durch die Lernenden vervollständigen lassen, ganz im Sinne des bisher besprochenen Verfahrens. Ebenso ist es möglich — als zusätzliche Variante zur besprochenen Methodik — den Lernenden sofort den vollständigen Text auszuhändigen und sie in kleinen Gruppen arbeitend aufzufordern, entweder mündlich oder schriftlich zu erklären, wie zum Beispiel die Stewardeß den König davon überzeugt, aus dem Flugzeug zu springen; oder aber, welche Gespräche oder inneren Monologe unter den Passagieren wohl stattfinden mögen; wie sich zum Beispiel das Gespräch zwischen Pilot und Bodenpersonal abwickeln mag; oder, was einerseits in der Stewardeß, andererseits im König vorgeht, als sie ihn davon zu überzeugen versucht, aus dem Flugzeug zu springen. Da der Text eine Reihe von Unbestimmtheiten und Leerstellen enthält, eignen sich diese Art von Aufgaben besonders gut für schriftliche Arbeiten, da sie vom Lernenden verlangen, daß er sich in verschiedenen Stilformen versucht —

zum Beispiel im Gespräch/Dialog, in der Beschreibung, und im inneren Monolog — wobei zugegeben werden muß, daß die letzte Aufgabe, die inneren Vorgänge der Stewardeß oder des Königs während des Gespräches zu beschreiben, wohl die schwerste Aufgabe von allen ist und erst auf der Oberstufe, und dann nur zur freien Wahl, gegeben werden sollte.

* * * * *

Nicht alle, jedoch die meisten der hier vorgestellten Ideen lassen sich mit fast jeder Gruppe von Lernenden erfolgreich im Fremdsprachenunterricht anwenden, da die hier beschriebenen Lerntätigkeiten für die Schüler und Studenten persönlich interessant sind, ihnen wirklichkeitsnah, realistisch und individuell kommunikativ vorkommen, und sie dazu anregen, selbst kreativ zu werden, und dieser Kreativität in der Zielsprache durch den Gebrauch verschiedener Sprachfertigkeiten Ausdruck zu geben. Das Resultat führt allgemein für den Lehrer als auch die Lernenden zu erfreulichen Ergebnissen und steigert das Interesse und die Freude am Erlernen der Zielsprache.

Georg Trakl and Egon Schiele: The Effects of Rimbaud on the Themes of Their Works

KARL E. WEBB

Northern Arizona University

George Trakl and Egon Schiele, as contemporaries, and as two of the most important and creative artists of the time, are eminently deserving of comparative study.[1] Though there is no evidence of their having actually met or of their having taken cognizance of each other's work, there are astonishing similarities in their background, their orientation to life in general and to the Austrian culture, and most especially there are similarities in their works. What follows is a part only of a much larger, overall project concerning Trakl and Schiele, but for our purposes investigates here only one phase of their background — the so-called Rimbaud connection.

It is unclear just when and under what circumstances Georg Trakl first encountered Rimbaud, though it was probably late in 1911 or in 1912. He undoubtedly learned of Rimbaud's poetry, as critics such as Reinhold Grimm have pointed out,[2] through K. L. Ammer, the pseudonym for Karl

---

1 Portions of this essay were published earlier in unedited form as: "Georg Trakl, Egon Schiele and The Rimbaud Connection," *Internationales Trakl-Symposium*, ed. Joseph P. Strelka (Frankfurt am Main: Peter Lang, 1984), pp. 12-21.

2 Critics have long been interested in Trakl's enthusiasm for Rimbaud and his works. In 1925, Adolf Menschendörfer tentatively explored the subject in a short piece appearing in *Klingsor* 2 (1925), 93ff. In the late fifties, it became the topic of serious study in two articles by Friedhelm Pamp ("Der Einfluss Rimbauds auf Georg Trakl," *Revue de litterature comparée* 32 [1958], 396-406) and by Herbert Lindenberger ("Georg Trakl and Rimbaud: A Study in Influence and Development," *Comparative Literature* 10 [1958], 21-35). Pamp seems unclear just how serious the influence was but maintains strongly that it must have been limited to Trakl's early works. He also believes that Trakl might have read Rimbaud's works in the original French. Lindenberger is more detailed in his study than Pamp, but he also sees the influence as having taken place early in Trakl's career — in the years 1909-10. He recognizes the influence as having been profound and intense and illustrates his points with some telling thematic and stylistic compar-

Klammer, an Austrian military officer who published the first German translations in 1907. This volume contained a cross-section of poems and an enthusiastic biographical sketch by Stefan Zweig. The translations of Rimbaud were freely interpreted by Klammer not only by his lack of precision in translating, but also by his choice of poems to be included. For this reason, it is important to keep in mind that it is not just Rimbaud who enters into our comparison, but also, perhaps just as importantly, Karl Klammer's interpretation of him. For that reason, the German texts and titles from the Klammer translation of Rimbaud are used in this paper.

In Schiele's case, the timing of his encounter with Rimbaud is clearer. In 1910, the young artist left Vienna for a stay in the village of Krumau after having given up his study at the art academy and having so angered his uncle Leopold Czihaczek by his indifferent attitude toward "good manners," that the latter finally cut off all financial support for him. Accompanying him to Krumau were his outlandish friend Erwin Osen and the latter's companion, the dancer Moa. It was Osen, then, who introduced Schiele to French literature, including the works of Rimbaud à la the Klammer translation. As with Trakl, the effect on Schiele was profound. He is reported to have learned sections of *Le Bateau Ivre* by heart and to have underlined in his copy of the book many of its descriptive passages. Schiele was undoubtedly attracted to the same unconventional features in Rimbaud's life that had drawn others, including Trakl, to him, and perhaps not coincidentally, he began for the first time to write poetry. It is not so much in this writing, however, that the impact of this exposure to Rimbaud can be detected, but rather in his painting.

For the most part, the critics have overlooked this relationship. Frank Whitford, in his book *Egon Schiele*, makes brief mention of it,[3] and Christian M. Nebehay, in his massive collection of Schiele's letters and

---

isons. It is Reinhold Grimm, however, in his two articles written in 1959 and 1960, who thoroughly investigates Rimbaud's influence on Trakl for the first time: "Georg Trakls Verhältnis zu Rimbaud," *Germanisch-Romanische Monatsschrift*, N.F., 9 (1959), 288-315, and "Werk und Wirkung des Ubersetzers Karl Klammer," *Neophililogus*, 44 (1960), 20-36. He makes clear through many convincing examples that the Klammer translation was the unmistakable source, and he is able to prove not only the period in which that influence occurred, but also that Trakl underwent a profound and lasting transition as a result. Since the Grimm investigations, there have been a series of articles that have debated one aspect or another of the phenomenon, without contributing further substantial knowledge. As a result, no one at this point can longer deny Rimbaud's influence or the manner in which it was transmitted.

3 (New York: Oxford University Press, 1981), p. 72.

documents *Egon Schiele. Leben, Briefe, Gedichte*, alludes to the influence of Osen in bringing Schiele into contact with the Klammer translations. He further points to the similarity of the use of the word: "Stubenhockerhäusler" in one of Schiele's poems to Rimbaud's "Die Stubenhocker."[4] The most detailed information, though still very sketchy, is to be found in Alessandra Comini's *Egon Schiele's Portraits* where she states: "Osen's hero was Rimbaud, whose poetry he could quote from memory and whose life, travels and sexual predilections he attempted to emulate."[5] According to Comini, a copy of the Klammer translation is supposed to have been discovered among Schiele's possessions after his death in which passages in the poems were underlined.[6]

In turning now to the works of the two Austrians, themselves, one discovers a number of thematic similarities to Rimbaud that emphasize this important link in their "relationship." The first is their distinct and common sense of separation from the various aspects of modern life — the cities, society in general and also the natural world. All three artists express their disquietude toward what they perceive to be a lifeless, cold and threatening environment, particularly the city and its inhabitants. In Rimbaud's poem: "Paris lebt auf," for example, Paris and its inhabitants become the object of the poet's disgust and loathing. This is a place, he tells us, of great inhumanity, of filth, of disease, of death and despair.

> Ihr Syphilitiker, ihr Gauklerpack, ihr Puppen,
> was nützen eure Gifte, eure Fetzen,
> was nützt ihr selbst Paris, der grössten aller Metzen?
> ....
> du totengleiche Stadt, du Stadt von Schmerz geweiht . . .[7]

As is well-known, Trakl, too, sees the city and modern "civilization" in this same light. For him clearly, the contemporary world is a place of ugliness and despair and a place in which he feels threatened and estranged. In the poem: "Vorstadt im Föhn," we detect the same hideousness and the same filth and disease that we discovered in Rimbaud's poem above.

---

4 (Vienna, Residenz Verlag, 1979), pp. 117-18.

5 (Berkeley: University of California Press, 1974), p. 47.

6 *Ibid*, Footnote 67, p. 204.

7 *Arthur Rimbaud. Leben und Dichtung*, ed. K. L. Ammer (Leipzig: Insel-Verlag, 1921), pp. 171-72. Henceforth referred to in the body of the text by page number.

Geduckte Hütten, Pfade wirr verstreut,
....
Am Kehricht pfeift verliebt ein Rattenchor.
In Körben tragen Frauen Eingeweide,
Ein ekelhafter Zug voll Schmutz und Räude,
Kommen sie aus der Dämmerung hervor.[8]

Schiele's poetry is not as clear about cities as it is about his view of the people who live in them. In one poem, he caustically writes: "Geld ist Brot. — Jemand sagt: Geld ist Waare. — Jemand sagt: Geld ist Leben." The artist, who lacks any understanding of such "practical" considerations, finds himself at the mercy of such a crass world: "O — die ewigen Staaten; die Klage ist groß über die . . ."[9]

In his painting, he is more explicit as, for example, in his work: "The Dead City," which also displays the same thematic aspects of the city that we have observed above. Here, the series of tightly compressed buildings, painted in somber tones, reminds us of Trakl's "Geduckte Hütten." There is no life whatsoever in the city, and it is surrounded by either a wide wall or one of Schiele's "black" rivers which seems even more to emphasize the isolation, lifelessness and stagnation. Absent totally are any mitigating human figures, as if they had already perished of some disease or other calamity. As Schiele portrays it, this is a threatening and a distinctly unhealthy place. A second painting: "Krumau on the Moldau," of 1913, though not quite as somber in tone, portrays the city in the same manner.

Closely associated with this type of separation in all three artists' works are the figures of poor and abandoned children who, as sort of an alter-ego for the artists, are subjected to the inhumane surroundings of the modern world. Rimbaud wrote several poems in which such children appear, "Bettelkinder," for example:

Um das helle Kellerfenster gesteckt,
auf den Hintern gehockt und die Hälse gereckt,
    schwarz im Schnee und der Nacht,
sehn auf den Knien fünf Kleine...
wie das schwere blonde Brot
    der Bäcker macht;
....

---

8 *Georg Trakl. Dichtungen und Briefe*, eds. Walther Killy and Hans Szklenar (Salzburg: Otto Müller Verlag, 1969), p. 29. Henceforth referred to in the body of the text by page number.

9 Texts of Schiele's poems are cited from Nebehay, p. 504. Henceforth referred to in the body of the text by page number.

Ganz leise sagen Gebete sie her,
hingeneigt zu dem offenen Himmelsmeer,
dem flutenden Feuerschein,
....
und die Hemdlein flattern dünn und zerschlissen
im Wintersturmdräun . . . (pp. 159-60)

Trakl also created numerous such figures, in "De Profundis," for example:

Am Weiler vorbei
Sammelt die sanfte Waise noch spärliche Ähren ein,
Ihre Augen weiden rund und goldig in der Dämmerung
....
Bei der Heimkehr
Fanden die Hirten den süßen Leib
Verwest im Dornenbusch. (p. 26)

Schiele, as well, was captivated by innocent young children, and he made a practice of gathering them up off the streets of Vienna to paint them in his studio. These are some of the most sympathetic portraits of his career, and it is clear from these works how much he identified with the children. One such example is the work: "Two Boys," from the year 1911. The clothes of the two boys are drab and colorless; their faces, ghost-like and emaciated (not unlike Schiele's own face). Their red-rimmed eyes attest to their unhappy and victimized existence. They are abandoned and hopeless, the exact duplication of the Rimbaud and Trakl figures.

The three artists were not only alienated by the city, or town, and its inhabitants, they also exhibit a profound sense of separation from the modern natural world which, like the man-made cities, becomes a symbol for the dead or the dying. In an earlier epoch, epitomized by Eichendorff's Romanticism, nature symbolized a safe and protected retreat from unsatisfactory human contact, but no longer. Rimbaud describes his natural surroundings as desolate and lifeless. There is a threatening wind blowing, the river runs yellow, and the bells of the village are woefully silent. There is nothing to give encouragement or solace in this unrelentingly barren landscape.

O Herr, wenn kahl die Felder liegen,
wenn in den hingeduckten Flecken,
die sich im kahlen Land verstecken,
die langen Abendglocken schwiegen . . . (p. 190)

In Trakl, too, we discover similar images of a nature dying or already dead from which spiritual or physical rejuvenation is now impossible. We detect in this — one of his most common themes (particularly after his exposure to Rimbaud) — the same threatening atmosphere that we identified in the poetry above. The oft-quoted passages from "De Profundis" are typical:

Es ist ein Stoppelfeld, in das ein schwarzer Regen fällt.
Es ist ein brauner Baum, der einsam dasteht.
Es ist ein Zischelwind, der leere Hütten umkreist.
Wie traurig dieser Abend. (p. 26)

In a further passage from "Drei Blicke in einen Opal," nature becomes even more menacing. Death has arrived and all creatures are caught in its all-encompassing devastation:

Die Purpurschnecken kriechen aus zerbrochenen Schalen
Und speien Blut in Dorngewinde starr und grau. (p. 38)

In Schiele's case, it is not the poetry but the paintings, particularly his landscapes and his flowers, which convey in nature the same lifeless and barren atmosphere and the same sense of alienation that we have observed in the works of both Rimbaud and Trakl. In one of his earliest sunflowers, for example, we discover not only the sad portrait of withering and crumpled blossoms and leaves, but, as Ronald Salter in his excellent article on Trakl and Schiele observes, also the unmistakable outline of a human skeleton.[10] This theme recurs throughout his works, for example, in the paintings, "Fall Trees" and "Plum Tree with Fuschia." Nature for Schiele is clearly also a place for death and for dying.

A more profound and disconcerting similarity in Rimbaud, Trakl and Schiele's works is their common feelings of estrangement from God and His cosmic order. This perception goes to the very essence of their existence, for they felt completely deserted and rejected by the Supreme Being. Though all three no longer professed a belief in traditional Christian precepts, they nevertheless exhibited a heightened traditional sense of "cosmic" or spiritual alienation because of their deep roots in the Christian church with its prohibition against sensuality and its primary doctrines of sin and redemption. They, themselves, chose the course of sensual, even "pagan" expression, but were then beset with an overwhelming and traditional sense of guilt. Unlike "transgressors" of the past, however, they discovered no solice in a redemptive force nor any existing way toward

10 "Georg Trakl und Egon Schiele: Aspekte des österreichischen Expressionismus in Wort und Bild," *Österreichische Gegenwart: Die moderne Literatur und ihr Verhältnis zur Tradition*, ed. Wolfgang Paulsen (Bern: Francke Verlag, 1980), p. 75.

reunification with God.

Thematically in the works of all three artists, the above spiritual or "cosmic" alienation finds profound expression. Typically, the *persona* of the work is beset by forbidden, yet overpowering, sexual desires, the expression of which precipitates an overwhelming sense of guilt and despondency. Though at times there appears to be an attempt to escape this guilt by accepting a less complicated and more impulsive pre-Christian way of existence, escape of this sort is never fully possible in the end, and the *persona* is left with feeling rejected by God and expulsed from God's cosmic order. The repeated appearance of church-related figures such as priests, cardinals, novices, and nuns, and significantly (with Trakl and Schiele) the "sisters," either in juxtaposition to the *persona* or as alter-egos, serves to heighten the sense of spiritual estrangement.

In Rimbaud's "Schlechtes Blut," the poet documents, with an undertone of sarcasm and self-derision, this sense of "cosmic" alienation:

> Das heidnische Blut kehrt wieder! Der Geist ist nahe; warum hilft mir Christus nicht and gibt meiner Seele Adel and Freiheit? Ach, die Zeit des Evangeliums ist vorbei! Das Evangelium, das Evangelium!
>
> ....
>
> Zu wem mich wenden? Welches Tier soll ich anbeten? Mich auf welches heilige Bild stürzen? . . .
>
> ....
>
> Ach, ich bin so verlassen, dass ich meinen Eifer zur Vollendung ich weiß nicht welchem Götzenbilde darbringen möchte. (pp. 194-196)

In Trakl's poetry, this "cosmic" alienation also assumes pivotal importance. Various religious figures, such as novices and priests, are filled with the typical sensual longing, and resultant guilt and despair. They feel estranged at the very center of their existence from God and His order.

> Die fremde Schwester erscheint wieder in jemands bösen Träumen.
> Ruhend im Haselgebüsch spielt sie mit seinen Sternen.
> Der Student, vielleicht ein Doppelgänger, schaut ihr lange vom Fenster nach.
>
> ....
>
> Im Dunkel brauner Kastanien verblasst die Gestalt des jungen Novizen. (p. 31)

In "Drei Blicke in einen Opal," we find a more extreme example where the monks have become crazed with sexual lust and perversion:

> Aus Schwarzen bläst der Föhn. Mit Satyrn im Verein
> Sind schlanke Weiblein; Mönche der Wollust bleiche Priester,
> Ihr Wahnsinn schmückt mit Lilien sich schön and düster

Und hebt die Hände auf zu Gottes goldenem Schrein. (p. 38)

Schiele's sexual paintings and sketches are a basic and, of course, well-known component of his works. They consist of explicit drawing of female nudes, of couples in sexual embrace and of the artist, himself, engaged in autoerotic acts. But in all of these works, there is the same feeling of cosmic alienation that we discovered in Rimbaud and Trakl. There is no primal, uninhibited joy in any of this sex; rather we detect the same sense of the forbidden and the sinful, and related perceptions of guilt and rejection. In the self-portrait: "Artist Masturbating," for example, we see similarities to Rimbaud's poetry when the latter states: "Ich bin der Sklave meiner Taufe. Eltern, ihr habt mein Elend verschuldet, meines und das eure" (p. 201). The sad eyes of the artist and the mournful tilt of his head convey the withdrawal into self, and the same belief in the expulsion from God's universe. There is only loneliness here and cosmic rejection. The same is true of the well-known painting: "The Cardinal and the Nun."

An additional aspect, and a basic element in the spiritual or cosmic alienation felt by both Trakl and Schiele, is their well-known sexual relationship with their sisters, a relationship which only intensified the gulf between them and the Supreme Being. Nowhere, for example, is the mixture of craving, guilt and alienation so apparent as in Trakl's poem: "Blutschuld."

Es dräut die Nacht am Lager unsrer Küsse.
Es flüstert wo: Wer nimmt von euch die Schuld?
Noch bebend von verruchter Wollust Süße
Wir beten: Verzeih uns, Maria, in deiner Huld!

Aus Blumenschalen steigen gierige Düfte,
Umschmeicheln unsere Stirnen bleich von Schuld
Ermattend unterm Hauch der schwülen Lüfte
Wir träumen: Verzeih uns, Maria, in deiner Huld!

Doch lauter rauscht der Brunnen der Sirenen
Und dunkler ragt die Sphinx vor unsrer Schuld,
Daß unsre Herzen sündiger wieder tönen,
Wir schluchzen:Verzeih uns, Maria, in deiner Huld! (p. 146)

In Schiele's works, this same form of alienation is most clearly apparent in his nude renderings of his sister, Gerti. Again, we observe the artist's obvious lack of joy or pleasure in the frank sensuality. Gerti, as she is portrayed in the work, and her painter/brother, through the perspective he assumes by his portrayal, both convey the pain and anguish of their forbidden love, and their mutual spiritual alienation.

The general estrangement experienced by Rimbaud, Trakl, and Schiele, both toward their surroundings in all its aspects and toward God and His order, had a terrifying and disorienting effect upon the artists which, it is interesting to trace, exhibits a marked intensification in both Trakl's and Schiele's works at the very time of their exposure to the works of Rimbaud.

In the French poet's case, the uncertainty, fear and disorientation become most evident in the prose-poem: *Ein Sommer in der Hölle*, where we discern passages of the most startling self-examination. At one point of particular despair, he cries out:

> Ich sterbe vor Müdigkeit. Das ist das Grab; ich gehe zu den Würmern, Schrecken der Schrecken!
>
> ....
>
> Mein Gott, Mitleid, verbirg mich, ich halte mich zu schlecht! —
> Ich bin geborgen, und ich bin es nicht. (p. 204)

In another passage, he asks himself: "kenne ich noch die Natur? *Kenne ich mich selbst?* (p. 198, italics mine).

Trakl, too, has these feelings of great uncertainty and mental anguish. His works unquestionably contribute some of the most impressive images of psychic terror to be found anywhere in modern literature. In "De Profundis," we read:

> Ein Schatten bin ich ferne finsteren Dörfern.
> Gottes Schweigen
> Trank ich aus dem Brunnen des Hains.
> Auf meine Stirne tritt kaltes Metall
> Spinnen suchen mein Herz.
> Es ist ein Licht, das in meinem Mund erlöscht. (p. 26)

Though introspective in all of his works, Schiele's self-portraits after about 1910 also reveal his anguished and terrified psychic state. We discover here the visual equivalent of what we observed above in Rimbaud and Trakl. The "Self-Portrait Nude" is one such example. We are astonished here to see such an excruciating display of the painter's inner soul. The fear and the pain vis-à-vis a threatening and alienating existence are compositely exposed by the exaggerated and unnatural angles of the head and arms, the grimace of the face, the emaciated body itself, and even by the "electrified" hair on the thighs and legs. A watercolor: "Self-Portrait Screaming," also done in 1910, captures the same inner landscape.

One could expand this investigation to include the potential mental disintegration that possibly could have occurred as a result of the extreme alienation and resultant anguish, or to discuss both Trakl's and Schiele's portrayal of the *Doppelgänger* or multiple personalities as an indication of this disintegration, but the confines of the present essay will not allow for it.

Suffice it to say at this point that all three artists obviously sought some solution or relief, some form of mediation, from their mental and emotional predicament. In Rimbaud's case, it was at first the escape to drugs and a completely unstructured life; later, it was his flight from Europe and from his art to a primitive existence in the remote regions of Ethiopia where he supposedly lived a "productive and harmonious life among the untouched natives."[11] In other words, at least if we can believe Stefan Zweig, Rimbaud seems to have found a hope for the future and a lasting and harmonious solution to his estrangement. This was, as we have noted, one of Rimbaud's greatest attractions for Trakl and Schiele. The two Austrians, on the other hand, were not so fortunate, living as they did at the end of an era, at the beginning of a true disintegration. For them, there was no hope for the future nor seemingly any possible flight from the realities of their existence. At most, they could rely on vague and more pleasant memories from the past and the various other artificial methods of escape. For them, there was no rebirth of the lost harmony; it was dead, and only its longing remained.

In summary, there are many similarities in the lives, orientation, and resultant themes of the works of Rimbaud, Trakl and Schiele. All three express strong antipathies toward society, feel lifeless and threatened in a dead or dying nature, and most seriously, all three feel totally estranged and rejected from the spiritual or cosmic order and from God. Their anguish and their terror take the same extreme form of expression, and in the case of Schiele and Trakl, the outcome is the same. Rimbaud, in his pivotal role as artistic mentor, had profound effect on both Trakl and Schiele, and thus, they are linked by one more force in their struggle, both personal and artistic, to comprehend and express their troubled world.

---

[11] According to the Stefan Zweig introduction to Rimbaud's life, *Rimbaud*, p. 7.

Hook-Rhyme in Runes, Notably Högby[1]

JOSEPH WILSON

Rice University

In 1936 W. Perrett of London, in an article on the *Hildebrandslied* (*MLR* 31 [1936], 532-538) noted casually that, among other alliterative oddities, in a number of lines the last accented word of the line alliterated with the staves of the next line in a way that, as he said (p. 535), could "hardly be fortuitous."

In 1951 or 1952 Willi Krogmann, that wild genius of Germanic philology, took up Perrett's idea or possibly re-discovered it.[2] Whether dependent on Perrett or not, Krogmann perceived in these linkings, which to Perrett were just the most noteworthy of several additional alliterative ornaments of the poem, something vastly more important. He called this particular type of extra alliteration *Hakenreim* ('hook-rhyme') in analogy to the term *Hakenstil* ('hook-style'), which means an alliterative style in which the lines do not form stichic entities of sense and syntax (as in *Zeilenstil*, 'line-style'), but rather are 'hooked' together by a kind of enjambment which connects the second half of a line to the following line. Krogmann called special attention to the poem's conclusion, where four out of five lines show this extra alliteration:

do lettun se aerist asckim *scr*ítan,
scarpen scurim: dat in dem sciltim *st*ont.
do stoptun to samane staim bort chludun [*h*ludun],
heuwun harmlicco huitte scilti,
unti im iro lintun luttilo *w*urtun,
giwigan miti wabnum

---

1 This paper was originally presented at the annual meeting of the Society for the Advancement of Scandinavian Studies in May, 1977, in Seattle. As to the spelling *rhyme*: in previous articles on Old Germanic poetry, I have used the simpler and more correct form *rime*; I am afraid, however, that it is a losing battle.

2 *Das Hildebrandslied, in der langobardischen Urfassung hergestellt* (Berlin: Erich Schmidt, 1959). In his Foreword, tracing his discoveries, he says (p. 7) simply that on Oct. 12, 1952 ("in the afternoon"!) he 'found' the principle of hook-rhyme, but on p. 19 he credits Perrett's discovery.

Krogmann searched extensively in early Germanic poetry (pp. 25f.) for other examples of hook-rhyme, but found — with one significant exception — only apparently accidental ones, which naturally do occur sporadically. He calculated that the hook-rhymes of the *Hildebrandslied* occur so much more frequently than the accidental rate (approx. 17% vs 7%) that their usage must have been a conscious poetic device. Furthermore, after studying the other, non-linked lines of the poem and recalling the plausible old theory that the original of the poem was Langobardian, he postulated that the substitution of Langobardian words for some of the more problematical Old High German ones would yield more such hook-rhymes.

Krogmann found only one other poem with hook-rhymes that he considered intentional: the *Hunnenschlachtlied*, which is preserved in Old Norse (in *Hervararsaga*), but which is considered to have originally been in Gothic. On the basis of his studies of these two poems, Krogmann maintained that in their original forms these poems must have used hook-rhyme not just as a conscious additional adornment here and there, but consistently throughout, as a fundamental element of the rhyme scheme, linking all the lines (except at those few places that might be called 'paragraph-breaks'). He also concluded that in these poems, there were always two alliterations in the first half-line. He thus considered the rhyme pattern not to have been the general Germanic *a(a)ax* / *b(b)bx*, etc., but rather *aaab* / *bbbc*, etc. He came to the belief that hook-rhyme represented an early culmination of alliterative rhyming technique that later fell into disuse.

Under the hypothesis of consistent hook-rhyme and double alliteration in the first half-line, and given the brevity of the early alliterative line, practically every major word alliterates, narrowing the choice of words greatly when one is pondering over what word may have been in a certain spot in the original version, so that Krogmann was able to recreate[3] remarkably convincing Langobardian and Gothic forms of the *Hildebrandslied* and the *Hunnenschlachtlied*. Naturally, his speculations met with considerable healthy scepticism, especially because of his rather flamboyant way of stating his case and his own achievements.[4]

---

[3] Again, Krogmann's Foreword seems to be at odds with the body of the book: on p. 7 he says he completed the reconstruction of the *Hildebrandslied* before discovering the principle of hook-rhyme, while pp. 18 and 34 make the much more plausible statement that the postulation of consistent hook-rhyme was the prerequisite for the reconstruction.

[4] Cf. de Boor's scathing review, PBB(T) 81 (1959), 392-395, which does, however, admit that the hook-rhymes of the *Hildebrandslied* may be a conscious decoration. The consensus since Krogmann's book is negative or non-committal towards his postulation of constituent hook-rhyme and his reconstructions, but

My own opinion is that Krogmann did a remarkable job of reconstructing the alleged originals and of presenting ingenious arguments about individual words, but that while plausible and fascinating, there is, of course, no proof that his recreations really represent what the originals looked like. A major problem is that there is so little Langobardian preserved, and Krogmann compounds the problem by not properly distinguishing between actually extant Langobardian words and his own creations. There is also no proof that hook-rhyme was used in such a consistent way at all (in almost every line). However, it seems to me that the relatively much greater incidence of hook-rhyme in the extant version of the *Hildebrandslied*, especially in the last lines, cannot be merely coincidental. This extra linkage in certain poems, or at least in certain sections of certain poems, must have been an intentional extra rhyme, possibly not meant for every line, but rather as an additional decoration for important places, such as the end of the poem, as we see it used in the *Hildebrandslied.* As parallels to such adornment of the final section, note that in the gradual evolution of end-rhyme in Medieval Latin poetry, it was the chapter or canto endings that developed the otherwise only sporadic end-rhyme to a regular scheme (an example is Sedulius's *Carmen Paschale*), and similarly, much later, Shakespeare often adorned the act and scene endings of his blank verse dramas with end-rhyme (e.g., *Hamlet, Othello*).

In reading runic inscriptions and skaldic poetry, I have noticed such hook-rhyme at times and wondered if it was possibly sometimes intentional. If the latter were the case, it would naturally throw interesting new light on runic rhymings and it also would shore up Krogmann's sharp but shaky theory.

In the first place, it should be noted that the runic inscriptions, for all their brevity, are full of alliterative poetry, much more than the handbooks sometimes indicate,[5] because the poetry is frequently so brief — consisting in many cases of only one, two, or three half-lines — that it may go unnoticed. The situation is complicated by the fact that the inscriptions contain many alliterative phrases, which make an often almost imperceptible transition between prose and verse. The most comprehensive treatment of

there is cautious acceptance of ornamental hook-rhyme as a possible intentional artifice. In several recent studies, D. R. McLintock and Richard Lewis have given sympathetic interpretative support for the latter and similar extra alliteration, both in the *Hildebrandslied* and in Old English.

5 Cf. Peter Hallberg's well-known book, *Old Icelandic Poetry: Eddic Lay and Skaldic Verse*; tr. Paul Schach and Sonja Lindgrenson (Lincoln: U. Nebr. Pr., 1975), which does not even mention runic poetry.

runic poetry is Erik Brate's and Sophus Bugge's *Runverser, Undersökning af Sveriges metriska runinskrifter* (1891; part 10 of *Antiqvarisk tidskrift för Sverige*), which in over 400 pages demonstrates poetry in 167 Swedish runic inscriptions.

The first side of the Högby inscription (see Brate-Bugge, pp. 227-235) can serve as an example of the briefest poetical type, looking for all the world like a prose and prosaic statement of fact, perhaps with some accidental alliterations. However, the inscription is typical of many in that to an actual prose beginning *'Thorgerdhr reisti stein thenna eptir Ozur módhurbródhur sinn,'* 'Thorgerd raised this stone in memory of Assur, her uncle' there is added an attributive phrase regarding the person commemorated (often giving the place of his death, as is the case here), which approaches the form of alliterative poetry: *er ændadhis austr í Grikkum* 'who died in the East in Greece' (Brate-Bugge, p. 231, says this may be verse). Moreover, the semi-poetic attributive line is often connected by alliteration with the initial prose, as it is here with the commemorated person Assur. That the attributive phrase (*er ændadhis austr i Grikkum*) is at least semi-poetical is clear from the fact that it occurs again, slightly recast, among the rigorously poetic lines of the other side of the Högby stone (*ændadhis Assurr austr í Grikkum*).

While, thus, in Högby and many others[6] the introduction makes a transition into subsequent actual poetry, other inscriptions, however, just ramble on in semi-poetic alliterations. An example is Härlingstorp:[7] *Tóla setti stein thenna eptir Geir sun sinn, hardha gódhan dreng, sá vardh daudhr á vestrvegum í víkingu*, with alliterations of *g*, *v*, and possibly *d*, but without regular meter. Such rambling alliterations may well have been the origin of hookrhyme.

Frequently runic inscriptions do exhibit genuinely poetic lines, but normally only to the extent of two or three long-lines. Among these there are a few with minimal, possibly accidental, hook-rhyme; examples are the inscriptions of Aspa, Ulunda, and possibly Thornhill. A few somewhat longer poems, such as Rörbro and Hällestad, offer one or two hook-rhymes at the beginning, possibly suggesting an intentional usage as a special decoration for the initial part of the poetry, just as the *Hildebrandslied* uses it at the end. Niels Åge Nielsen noted that the introduction (usually considered to be prose) of the Rök inscription may be taken as poetry (*ljódhaháttr*), but

---

6 Cf. Finnur Jónsson, "Vers i gamle nordiske indskrifter og love," *ANF* 20 (1904), 76-90.

7 Cited after Otto von Friesen, *Runorna* (Stockholm: Bonniers, 1933; = Nordisk kultur VI), p. 176.

did not see the hook-rhyme it contains.[8]

While most of the hook-rhyme in the just-cited examples may be accidental, in at least one similar inscription — that of Senja — the hook-rhyme is so striking that it seems to be a conscious embellishment:[9]

Fórum drengja Fríslands á vit
ok vígs fötum vér skiptum.
('We went to meet the men of Frisia
and we shared the booty of war.')

So far, however, in spite of a few like Senja, all the examples of hook-rhyme cited could be accidental, and we would have little evidence for its conscious use in the runic inscriptions, even though, curiously enough, the famous exhortation from *Hávamál* (verse 72f.) about setting memorial stones for one's relatives itself contains a sonorous hook-rhyme:

sialdan bautarsteinar standa brauto nær
nema reisa nidhr at nidh.

(seldom memorial stones stand beside the road
except kinsman sets them for kinsman.)

Only very few runic inscriptions achieve an actual Eddic or skaldic strophe, such as the *fornyrdhislag* of the latter part of the Rök stone and the *dróttkvætt* of the Karlevi inscription; however, these contain no hook-rhyme.

Expanding our search for the moment beyond runic inscriptions into the wider field of skaldic poetry, it is, of course, pretty obvious that *dróttkvætt* is already so complicated (with its strictly regulated combinations of alliterations and pure and impure internal rhymes) that we could hardly expect to find the addition of hook-rhyme, and, indeed, I have found none besides evidently accidental ones.[10] The most interesting example I have found is in *Asmundarsaga*, but not in the *Hildebrands Sterbelied*, where we might have hoped to find it, but rather immediately thereafter, in the verses spoken by Asmund after he has killed Hildebrand: the last lines are linked by two consecutive hook-rhymes.[11]

---

8 *Runerne på Rökstenen* (Odense: Odense U. Pr., 1969; (Odense Univ. Studies in Scandinavian Languages, v. 2), pp. 23f.

9 Cited after Wolfgang Krause, *Runen* (Berlin: de Gruyter, 1970; (Göschen v. 1244/1244a), p. 118.

10 Carol Clover called my attention to the phenomenon of *dunhent* in skaldic verse. While it is not the same as hook-rhyme, it is a somewhat similar extra enjambmental device; cf. Roberta Frank, *Old Norse Court Poetry: The Dróttkvætt Stanza* (Ithaca: Cornell U. Pr., 1978; (Islandica XLII), pp. 85, 109.

11 Gudhni Jónsson, ed., *Fornaldar sögur nordhurlanda*, Vol. 1 (Reykjavík:

The only possibly convincing bit of evidence for intentional hook-rhyme which I have discovered in Old Norse is found in the second side of the Högby inscription (the first side of which was mentioned above). Since the second side came to light in 1874 — when the wall of which the stone was part was torn down — Högby has been recognized as one of the best poeticized runic inscriptions, but nobody to my knowledge has noticed the almost perfect hook-rhyme in it, even though especially Brate and Bugge made an exhaustive search for every alliteration in the runes.[12]

We have seen above how Högby begins, as many do, with a prose statement which drifts over into poetry, about Thorgerd erecting the stone for Assur. The second side of the inscription continues in distinct poetry, presenting, indeed, a poetic gem, albeit a tragic one, about a man's five sons, of whom one was Assur, and their deaths (my translation attempts to retain the alliteration):[13] (last part of first side:)

Prentverk Odds Björnssonar, 1954; Islendingasagnaútgáfan), 408.

12 The most complete treatments of Högby are those of Brate and Bugge (cited above); Erik Brate, *Östergötlands runinskrifter* (Sveriges runinskrifter, v. 2; Stockholm, 1911), pp. 80-83; K. G. Ljunggren, "Minnesstrofen på Högbystenen," *ANF* 79 (1964), 43-62; Elias Wessén, *Skänningebygdens runinskrifter* (Stockholm, 1966; Kungl. Vitterhets Historie och Antikvitets Akademien. Filologiskt arkiv 10); and Thorsten Andersson, "Högbystenens runinskrift," *Studier i nordisk filologi* 58 (1971), 17-48.

13 This is the most common normalized reading. 'Fyris' is a considered to be a topographical name in the Uppsala area (where a famous battle took place, ca. 988), even though its exact meaning is debated. The unnormalized *ahulmi* means either 'on Bornholm' or 'in a duel (holmgang)', but the alliterations are not affected either way. The last line, elliptical as it is, offers several problems. 'At Dundee (Scotland)' is the usual interpretation of the unnormalized *atuti*, and this is understood to refer possibly to the famous battle of 1054 between King Macbeth and Jarl Sivard, but more probably to an earlier battle there, since the stone is dated to the early 1000s. Other interpretations regard *atuti* as *at uti*, taking the second element to be 'out, abroad' or an obscure place-name; in either case the alliteration of the line would be changed and one hook-rhyme would be lost. Cf. Andersson's article for a recent survey of the opinions on these matters.

...er *æ*ndadhis *au*str í *G*rikkum.
(second side:)
*G*odhr karl *G*ulli *gat f*emm syni,
*f*iall á *f*uri *f*rökn drængr *A*smundr,
*æ*ndadhis *A*ssurr *au*str í Grikkum,
vardh á *h*olmi *H*alfdan *d*repinn,
Kári vardh at *D*undi auk *d*audhr Búi.
('signature':)
Thorkæll *r*ist *r*únar

(... who ended east in Greece.
Good man Gulli got five sons:
fell at Fyris fresh warrior Asmund,
ended Assur east in Greece,
was on holm Halvdan downed,
Kari found at Dundee death with Bui.
Thorkel carved the runes.)

The hook-rhyme is striking, beginning even in the semi-poetical end of the introduction on the first side. This conclusion plus the five lines of strict poetry offer five possibilities for the occurrence of hook-rhyme, and four of the five have been realized. The one omission, the second occurrence of *Grikkum*, is natural enough: the poet had already used the phrase *ændadhis austr í Grikkum* at the beginning to characterize Assur's death, and there it had stood in hook-rhyme with the following line. When Assur's death is mentioned again, the same phrase is repeated, even though this time *Grikkum* does not link to the following line. Perhaps there was a constraint not to vary the descriptive death phrase, once applied to a person. More simply, perhaps the poet couldn't think of a way to say 'Greece' with a word beginning with the *h* required for the hook-rhyme. I think Krogmann might have suggested *austr í Grikk-höfnum*, in analogy to the Fjuckby inscription, where the word occurs in a similar hook-rhyming situation:[14]

styrdhi knarri, kvam (h)ann Grikk-hafnir,
hæima dó ok Ingvarr

([he] steered the ship, came to Greek-Harbors,
home he died and Ingvar.)

The Högby inscription dates from the early 1000s (cf. Andersson, p. 22), centuries later than the Gothic and Langobardian originals that Krogmann postulates, making it difficult to try to see a continuity in the use of hook-

[14] Cited after Brate-Bugge, p. 38, which marks the alliteration of *-hafnir* with *hæima*, but calls it a kind of 'superfluous attachment' (*öfvertaligt påhäng*). Note that the last line is elliptical in much the same way as the last poetical line of Högby, supporting the interpretation given for that line.

rhyme. It is more likely that since hook-rhyme occurs accidentally in any alliterative poetry, there is always the possibility that a poet may note the accidental hook-rhymes, find pleasure in them, and consciously extend their use. If Thorkel did consciously add the hook-rhymes to the Högby inscription, Andersson's appraisal (p. 20) that he was not among the best of runemasters, might have to be revised. Unfortunately, we have little other material by him for comparison; Brate (pp. 87f.) attributes five other inscriptions to him, but they are all very brief; only one (ö 165) has two lines of poetry, and the one hook-rhyme possibility it allows is not used.

The prevalence of hook-rhyme in Högby is more persuasive if we compare it with other runic poems of similar style and length (rather long, by the way, for a runic poem), e.g., with the Nöbbele poem, which, for all its beauty, offers, just as we should expect, not a single instance of hook-rhyme:

Hródsteinn ok Eilífr, Aki ok Hákon
reistu their sveinar eptir sinn födhur
kumbl kenniligt eptir Kala daudhan,
thví mun gó[dhan] um getit verdha,
medh steinn lifir ok stafir rúna.

(Rodsten and Eliv, Aake and Haakan,
those young men raised after their father
a stately monument after dead Kale;
therefore will the good man be mentioned,
as long as the stone lives and the staves of the runes.)

As Nöbbele exemplifies, an ordinary runic poem has no hook-rhyme, and even such instances as those cited above, which exhibit a single hook-rhyme linkage, are rare. Consequently, the Högby poet's use of four hook-rhymes in five possibilities can, in the words of Perrett, "hardly be fortuitous." Krogmann would have loved it.